Junho de 2013

CB080825

CIP-BRASIL. CATALOGAÇÃO NA PUBLICAÇÃO
SINDICATO NACIONAL DOS EDITORES DE LIVROS, RJ

J92

Junho de 2013 : a sociedade enfrenta o Estado / organização Rubens Figueiredo. – São Paulo : Summus, 2014.
160 p. : il.

ISBN 978-85-323-0979-2

1. Movimentos de protesto – Brasil. 2. Jovens – Brasil – Atividades políticas. 3. Grupos sociais. I. Figueiredo, Rubens.

14-15065 CDD: 303.484
CDU: 316.42

www.summus.com.br

CÓPIA NÃO AUTORIZADA É CRIME
ABDR
RESPEITE O DIREITO AUTORAL
EDITORA AFILIADA

Compre em lugar de fotocopiar.
Cada real que você dá por um livro recompensa seus autores
e os convida a produzir mais sobre o tema;
incentiva seus editores a encomendar, traduzir e publicar
outras obras sobre o assunto;
e paga aos livreiros por estocar e levar até você livros
para a sua informação e o seu entretenimento.
Cada real que você dá pela fotocópia não autorizada de um livro
financia o crime
e ajuda a matar a produção intelectual de seu país.

Junho de 2013

A sociedade enfrenta o Estado

RUBENS FIGUEIREDO
(ORGANIZADOR)

summus
editorial

JUNHO DE 2013
A sociedade enfrenta o Estado
Copyright © 2014 by autores
Direitos desta edição reservados por Summus Editorial

Editora executiva: **Soraia Bini Cry**
Assistente editorial: **Michelle Neris**
Projeto gráfico: **Crayon Editorial**
Capa e diagramação: **Santana**
Imagem da capa: **Michael Melo/FRAME/Estadão Conteúdo**
Impressão: **Sumago Gráfica Editorial**

Summus Editorial
Departamento editorial
Rua Itapicuru, 613 – 7º andar
05006-000 – São Paulo – SP
Fone: (11) 3872-3322
Fax: (11) 3872-7476
http://www.summus.com.br
e-mail: summus@summus.com.br

Atendimento ao consumidor
Summus Editorial
Fone: (11) 3865-9890

Vendas por atacado
Fone: (11) 3873-8638
Fax: (11) 3872-7476
e-mail: vendas@summus.com.br

Impresso no Brasil

Sumário

APRESENTAÇÃO 7

1. NÃO FOI SÓ PELOS 20 CENTAVOS 15

2. A "ESPIRAL DO SILÊNCIO" E A ESCALADA DA INSATISFAÇÃO 23
Rubens Figueiredo

3. UMA VISÃO ECONÔMICA E POLÍTICA DOS PROTESTOS JUNINOS 39
Roberto Macedo

4. OS EMPRESÁRIOS E OS MOVIMENTOS DE RUA 61
Ney Figueiredo

5. A FORÇA DAS REDES SOCIAIS 73
Marcelo S. Tognozzi

6. ENTRE O LOCAL E O GLOBAL 87
Bernardo Sorj

7. A MULTIDÃO PODEROSA VIROU PLEBE IGNARA E TUDO FICOU COMO DANTES NA REPÚBLICA DE ABRANTES 99
José Nêumanne Pinto

8. A SEGURANÇA PÚBLICA E AS MANIFESTAÇÕES DE JUNHO DE 2013 115
Tulio Kahn

9. ENTRE O LIBERTÁRIO E A USURPAÇÃO 133
Denis Rosenfield

10. OS JOVENS NA POPULAÇÃO BRASILEIRA: UMA BREVE ANÁLISE POLÍTICA 145
Rogério Schmitt

Apresentação

"A gente pensa que vai vir o inevitável e vem o inesperado. Ser realista é reconhecer o emergente, o que surge de repente, e saber se adaptar a isso."
Fernando Henrique Cardoso
(*A soma e o resto*, Rio de Janeiro, Civilização Brasileira, 2011, p. 27)

O TEMPO NÃO ALTERA a grandeza ou a pequenez dos acontecimentos, mas estabelece limites de interpretação em relação a eles. A história não espera o passado deixar suas marcas. Ela segue. E, no Brasil, a força avassaladora dos fatos do dia a dia – o que poderíamos chamar da "política do depois de amanhã" – encobre e leva, como uma enxurrada, o fato histórico anterior, mesmo que ele tenha sido monumental. É capaz de tornar corriqueiro o surpreendente, de lançar uma cortina sobre a luz.

Povo na rua em 360 cidades. Mais de 700 protestos. Tentativas de invasão de câmaras municipais, assembleias legislativas e palácios de governo. Revolta generalizada. Morreram seis pessoas, contabilizaram-se centenas de feridos e algo em torno de 150 manifestantes foram presos. Rodovias foram bloqueadas e por pouco o porto de Santos não foi paralisado. O governador do Rio de Janeiro, Sérgio Cabral (PMDB), quase não conseguiu chegar ao seu apartamento, no bairro do Leblon, em virtude do acampamento de manifestantes em frente ao seu prédio. Muita gente jovem e bonita nas passeatas, portando cartazes bem-humorados e algumas mensagens nem tanto. Uma tecnicidade inalcançável ao cidadão comum, como a PEC 37 (que retirava atribuições do Ministério Público), era discutida como se comenta um jogo de futebol ou personagem de novela. O alcance da chama foi desproporcional à potência do estopim: o anúncio de aumento de R$ 0,20 na passagem de ônibus.

As manifestações, que ficaram conhecidas como "jornadas de junho", foram grandiosas e representaram, em muitos aspectos, algo absolutamente inédito, pela surpresa que causaram, pelo caráter da mobilização e pela ausência de instituições tradicionais, como os partidos e os sindicatos, participando da intensa movimentação social. Pesquisa Ibope, divulgada no final de julho de 2013, apontou que 89% dos brasileiros apoiavam as manifestações – trata-se de uma quase unanimidade. Elas foram seguidas imediatamente por fenômenos que, embora bem menos espetaculares, conseguiram de alguma maneira tirar o foco da movimentação junina: a violência destruidora dos *black blocs*, o jovem consumismo inofensivo dos "rolezinhos" e o grevismo coorporativo oportunista, que assaltou algumas cidades buscando visibilidade para suas demandas antes do início da Copa do Mundo de 2014.

Nesse último caso, em São Paulo, motoristas e cobradores lançaram mão de engenhosa tática de greve, que consistia em retirar os ônibus da garagem da empresa, estacioná-los em ruas e avenidas de grande circulação de automóveis (preferencialmente perto dos terminais) e dar sumiço nas chaves de ignição. Não é difícil imaginar o tumulto urbano que uma iniciativa dessa natureza causou. Greves de policiais deixaram a Bahia à beira do caos, o mesmo acontecendo em Pernambuco. As redações dos meios de comunicação seriam injustas se classificassem os anos de 2013 e 2014 como monótonos.

O objetivo deste livro é recuperar e analisar, de forma multidisciplinar, os movimentos de junho de 2013. Os capítulos que se seguem têm duas características fundamentais, que precisam ser levadas em conta para entender o alcance dos ensaios aqui reunidos. Primeiro, eles foram escritos, quase todos, no segundo semestre de 2013 e refletem, em alguma medida, o clima da mais absoluta surpresa que tomou conta da sociedade logo após os acontecimentos. Vale registrar o esforço da maioria dos colaboradores para buscar o distanciamento possível na análise de um fenômeno que, afinal, foi vivido de forma intensa pelos brasileiros e muitos povos mundo afora. É como descrever um furacão sendo levado pelo vendaval.

O segundo aspecto diz respeito à riqueza e à diversidade de interpretações dos autores – que, por vezes, permitiram voos analíticos mais abrangentes, inserindo os acontecimentos de junho em quadros de referência mais gerais. As ciências sociais não se apresentam como espaço de maratonas intelectuais onde vence quem chegar primeiro mais longe. Não faz sentido entrar numa espécie de moto-contínuo e buscar indefinidamente a causa da causa da causa. Mas é sempre importante tentar alcançar, parafraseando de forma invertida Eça de Queiroz, por detrás da "nudez forte da verdade", o manto diáfano das teorias mais gerais.

No primeiro capítulo, apresentamos uma linha do tempo que relembra os principais acontecimentos daquele mês de junho. Trata-se de um trabalho necessário para situar os leitores na perspectiva daquele momento. É interessante observar a sequência dos fatos e a reação errática das autoridades e das próprias lideranças das manifestações, que a certa altura do processo confessaram não ter mais controle sobre o que estava acontecendo.

No capítulo seguinte, de minha autoria, procuro explicar o ânimo da opinião pública naquela época e avançar hipóteses sobre os fatores que podem ter contribuído para a explosão social. Do ponto de vista das pesquisas de opinião, meu argumento é de que houve um AVC sem que o paciente fosse hipertenso. Não havia sinais, do ponto de vista dos instrumentos consagrados pelas Ciências Sociais – pesquisas, indicadores sociais e índices econômicos –, capazes de, ainda que longinquamente, alcançar o que estava por vir. O que teria acontecido? Vislumbro, no final do texto, algumas hipóteses sobre os fatores de irritação da sociedade, entre eles a questão do "inferno da vida privada" e a "escalada da esperteza governamental".

O economista Roberto Macedo faz uma esclarecedora análise no terceiro capítulo, trazendo à tona os aspectos econômicos relacionados às manifestações. Particularmente instigante, no seu raciocínio, é a apresentação de dados sobre a urbanização no Brasil, acompanhada de um mapeamento dos investimentos do governo federal nas mais diferentes áreas. Ao longo dos anos, o Brasil concentrou cada vez mais gente nos grandes centros urbanos, mas não investiu em infraestrutura para dotar essa população de serviços públicos decentes. Não por acaso, parcela significativa dos brasileiros que saíram às ruas pediam "hospitais padrão Fifa", educação de qualidade e mobilidade urbana.

O consultor Ney Figueiredo lança luzes sobre a participação dos empresários durante as manifestações. Ou, de outra perspectiva, sobre a omissão completa desse segmento durante os momentos mais críticos dos episódios que mobilizaram a atenção nacional. Mais do que isso, Figueiredo insere o movimento na perspectiva de um quadro mais abrangente, descrevendo e interpretando a participação de entidades e lideranças empresariais no passado recente. Faz, também, uma interessante análise do "empresário sem empresa", mostrando, com muita acuidade, de que maneira funciona o capitalismo contemporâneo e como a fragmentação empresarial torna débil a ação do setor empresarial.

"Todo eleitor é um eleitor.com" – assim inicia seu capítulo o jornalista e especialista em redes e mídias sociais Marcelo Tognozzi. Apoiando-se em dados de pesquisa, o autor faz uma interessante tipologia do usuário das redes sociais e defende a ideia de que se está criando um ambiente mais propício para fazer política no mundo virtual. Entretenimento + conteúdo relevante: essa é a fórmula. Esse tipo de mobilização e manifestação, explica Tognozzi, não tem líderes, mas ativadores. Não são verticais, mas horizontais. No caso de junho de 2013, juntaram-se um clima social propício, um fator detonador (o anúncio do aumento da passagem de ônibus) e um instrumento disseminador da revolta: as mídias e redes sociais.

Em seu capítulo, o cientista social Bernard Sorj apresenta-nos uma interpretação de alta qualidade sobre as manifestações. "Vozes dissociadas das instituições e manifestações dissociadas das organizações": eis um belo resumo dos movimentos de junho. Segundo Sorj, a grande novidade para uma geração acostumada a viver no mundo virtual foi a rua – e não a internet. Os jovens, que se manifestaram com tanto vigor, descobriram o "happening" político, no qual o sentimento de pertinência se alia ao de protagonismo real, dando a eles uma "sensação" de participação política efetivamente social, bem diferente de uma espécie de "solidão com amparo coletivo" (a expressão é de minha autoria) percebida nas redes e mídias sociais.

O jornalista multimídia José Nêumanne Pinto faz uma vibrante interpretação dos acontecimentos de junho, colocando sempre em tela as reações das autoridades. Lendo o texto de Nêumanne, temos a ideia de que o governo atuava a esmo, sem ter a mínima noção do que se passava de fato na sociedade. Primeiro, disse que as manifestações eram "coisa da direita". Depois, que o povo reclamou nas ruas porque havia melhorado de vida e queria mais. Dias mais tarde, a presidente Dilma Rousseff fez um pronunciamento à nação no qual avocou a si a resolução de um amplo arco de demandas e prometeu uma reforma que ninguém pedia (a política, com plebiscito e tudo). Vale a pena ler com atenção o zigue-zague governamental analisado de forma impiedosa por Nêumanne.

Um dos maiores especialistas do Brasil na área de estudos sobre a criminalidade e violência, Túlio Kahn analisa as importantes questões relacionadas à segurança pública que estiveram presentes nos episódios de junho. O autor ressalta uma ação particularmente desastrada da polícia, no dia 13 de junho, quando houve uma repressão desproporcional a um grupo de manifestantes que se dirigia à avenida Paulista, em São Paulo. A partir daí, o movimento criou impulso. Analisa também a falta de monitoramento das agências policiais, que se mostraram incapazes de prever a magnitude do que estava por vir. E traça um interessante "perfil das novas manifestações", caracterizando-as de forma bastante clara.

O filósofo gaúcho Denis Rosenfield faz, no capítulo de sua autoria, uma reflexão bastante crítica acerca do PT e da estrutura política brasileira. O autor insere em sua análise a crise das instituições políticas tradicionais, como partidos, sindicatos e até os movimentos sociais mais conhecidos, que ficaram à margem das manifestações. Chama a atenção, para Rosenfield, o paradoxo de o governo comandado pelo PT, que desde seu surgimento sempre exibiu fortíssima presença nos movimentos sociais, ter-se visto obrigado a recorrer ao Exército para garantir a segurança do Palácio do Planalto. Para ele, foram instrumentalizadas, no afã de responder às demandas da sociedade, propostas como a Constituinte e a reforma política.

O cientista político Rogério Schmitt faz o que ele mesmo chama de "breve análise" da participação dos jovens na população e na política brasileira. Breve, mas esclarecedora. O capítulo se justifica porque, segundo as pesquisas realizadas, foram eles os grandes protagonistas dos movimentos de junho. O autor identifica uma diminuição na proporção representada pela juventude (de 16 a 24 anos) no eleitorado brasileiro entre 2000 e 2012. Schmitt revela que, de acordo com as pesquisas de opinião, não existe uma diferença digna de nota entre os jovens e o conjunto do eleitorado, ao menos no que diz respeito às questões referentes à democracia. Ao fim do capítulo, fica a ideia de que os jovens perderam importância quantitativa, mas, a julgar pelo que fizeram em junho de 2013, foram os principais responsáveis por uma movimentação social que entrará para a história.

Este livro é uma contribuição para o aprofundamento da análise daquela que foi, muito provavelmente, a mais complexa e difusa manifestação popular de que se tem notícia no Brasil. Quero agradecer aos colaboradores. Considero-me um privilegiado por ter coordenado o trabalho de um "time" dessa magnitude. Esperamos estar – e aqui tomo a liberdade de falar em nome de todos – ajudando de alguma maneira a entender melhor nosso país, nossa democracia e nossa gente.

Merece registro a participação entusiasmada da jornalista Cláudia Izique. Além de fazer a análise crítica dos textos, Cláudia foi responsável pela "linha do tempo" que antecede os capítulos deste livro.

Por fim, eu não poderia deixar de fazer um agradecimento especial à família: minha mulher, Isabela, e meus filhos, Gustavo, Gabriel e Laura. Espero que eles me vejam forte, pois não imaginam a força que me dão.

Rubens Figueiredo
Julho de 2014

1. Não foi só pelos 20 centavos

6 DE JUNHO

Liderados pelo Movimento Passe Livre (MPL) de São Paulo, cerca de mil manifestantes protestam contra a alta da tarifa dos transportes públicos; a polícia reage com bombas de gás lacrimogêneo e balas de borracha.

A agência de classificação de risco Standard & Poor's coloca a nota do Brasil em perspectiva de risco em função do baixo crescimento do PIB e dos gastos do governo.

7 DE JUNHO

Cerca de cinco mil pessoas bloqueiam a marginal do rio Pinheiros; a polícia utiliza bombas de gás lacrimogêneo e balas de borracha e os manifestantes respondem com pedras. Uma catraca de vidro da estação Faria Lima do metrô é destruída. Quinze pessoas são detidas. Entre os manifestantes, militantes do PSTU, da União da Juventude Socialista e de grêmios estudantis da USP e de escolas particulares.

O prefeito de São Paulo, Fernando Haddad, anuncia que pedirá ao governo federal a municipalização da Contribuição de Intervenção no Domínio Econômico (Cide), que incide sobre os combustíveis, para baratear o transporte público.

9 DE JUNHO

A popularidade da presidente Dilma, que era de 65% em março, cai para 57%, segundo o Datafolha.

10 DE JUNHO

Protesto contra o reajuste de passagens de ônibus no Rio de Janeiro reúne 300 pessoas na Cinelândia. Manifestantes destroem tapumes e a polícia reage com bombas de efeito moral e balas de borracha; 31 pessoas são detidas.

11 DE JUNHO

Manifestação convocada pelo MPL, contra o aumento de tarifas, reúne 12 mil pessoas e termina em confronto com a polícia no centro de São Paulo. Um PM fica ferido e ônibus são danificados. O MPL protocola pedido de reunião com a Prefeitura de São Paulo.

12 DE JUNHO

O governador Geraldo Alckmin e o prefeito Fernando Haddad, em Paris, criticam as depredações. O ministro da Justiça, José Eduardo Cardozo, pede à PF que acompanhe as manifestações em São Paulo e no Rio.

Em cerimônia de anúncio de crédito para móveis e eletrodomésticos para beneficiários do programa Minha Casa Minha Vida, a presidente Dilma diz não haver "a menor hipótese" de "descontrole da inflação".

Em reunião de conciliação na sede do Ministério Público de São Paulo, líderes do MPL afirmam não ter mais controle sobre os participantes dos protestos.

13 DE JUNHO

Cerca de 10 mil manifestantes entram em confronto com a polícia na região da avenida Paulista, em São Paulo. A tropa de choque utiliza bombas e balas de borracha e os manifestantes reagem com pedras e fogos de artifício. Um fotógrafo é ferido por bala de borracha e vários repórteres são atingidos, com a detenção de 50 pessoas. Cerca de 10 mil manifestantes participam de ato no Rio de Janeiro e outras centenas vão para as ruas em Porto Alegre.

14 DE JUNHO

Em discurso na Rocinha, no Rio, a presidente Dilma qualifica os críticos da política econômica de "vendedores do caos". O ministro José Eduardo Cardozo afirma que a ação da PM paulista foi "arbitrária" e "muito violenta".

16 DE JUNHO

Manifestações lideradas por estudantes e imigrantes brasileiros reúnem centenas de pessoas em Washington, Berlim e Dublim. No Brasil, guia de conduta compartilhado nas redes sociais ensina como agir em protestos em caso de violência.

O governo do estado de São Paulo afirma que não pretende utilizar Polícia Militar, tropa de choque ou balas de borracha nas manifestações convocadas para o dia 17 de junho e convida MPL para reunião.

17 DE JUNHO

230 mil pessoas protestam em 11 estados. Em Brasília, manifestantes ocupam a cobertura do Congresso Nacional; no Rio, a concentração é na Assembleia Legislativa; em São Paulo, representantes de partidos políticos são impedidos de levantar bandeiras. Não há confrontos com a polícia nem prisão de manifestantes.

O governador de São Paulo afirma que protestos "fortalecem a democracia". A presidente Dilma diz que protestos são "legítimos". O ex-presidente Lula, em sua página no Facebook, declara que manifestações não podem ser encaradas como "coisa de polícia, mas sim de mesa de negociação". O prefeito de São Paulo não comenta.

18 DE JUNHO

Manifestantes tentam invadir a sede da prefeitura paulistana, saqueiam lojas, queimam uma cabine da PM e um furgão da TV Record. A polícia reage com cassetetes e gás de pimenta. Vinte mil pessoas ocupam a avenida Paulista, sem incidentes de violência. No Rio, dez mil se reúnem em São Gonçalo contra o aumento de tarifas do transporte público.

O prefeito de São Paulo reúne-se com representantes do MPL e admite rever o aumento. O governador de Minas, Antonio Anastasia, pede apoio da Força Nacional de Segurança para controlar manifestações em Belo Horizonte. A presidente Dilma diz estar ouvindo "as vozes das ruas pelas mudanças".

19 DE JUNHO

O governador do estado e o prefeito de São Paulo revogam o aumento das tarifas de ônibus, trens e metrô. O governador do

Rio, Sérgio Cabral, anuncia redução de tarifas de transportes coletivos. O MPL convoca ato-festa para celebrar a vitória.

20 DE JUNHO

Mais de um milhão de pessoas vão às ruas em 75 cidades. Em Brasília, a polícia reprime tentativa de invasão do Itamaraty. No Rio, 22 pessoas ficam feridas em confronto entre manifestantes e a polícia. Em Ribeirão Preto, uma pessoa morre atropelada. Em São Paulo, há confronto entre manifestantes e militantes do PT; protestos interrompem tráfego de rodovias que dão acesso à capital.

A presidente Dilma prepara "pacote" de medidas para a juventude, prometendo reforço do Programa Ciência sem Fronteiras, ampliação do acesso à universidade e de programas sociais, entre outras medidas.

21 DE JUNHO

O MPL anuncia que não convocará novas manifestações.

Em cadeia nacional de TV, a presidente Dilma diz que receberá líderes das manifestações, que "não transigirá com a violência". Promete uma série de medidas de atenção para a melhoria dos serviços públicos, entre elas o Programa Mais Médicos. O Congresso promete elaborar o Pacto de Mobilidade Urbana.

22 DE JUNHO

Cerca de 100 mil manifestantes entram em confronto com a polícia na região do estádio do Mineirão, em Belo Horizonte, onde as seleções do Japão e do México disputavam a Copa das Confederações; oito pessoas ficam feridas.

A presidente Dilma propõe o Pacto de Mobilidade Urbana e anuncia que se reunirá com governadores e prefeitos.

23 DE JUNHO

No Rio, duas mil pessoas protestam contra a PEC 37 em frente à residência do governador Sérgio Cabral.

O governo federal inicia mobilização do Congresso para a aprovação de um pacote anticorrupção.

24 DE JUNHO

Manifestantes depredam ônibus em Brasília, tomam as ruas do Rio e bloqueiam rodovias na Baixada Santista e em Goiânia, onde duas mulheres morrem atropeladas.

A presidente Dilma recebe os líderes do Movimento Passe Livre em Brasília. No mesmo dia, propõe Constituinte para reforma política.

25 DE JUNHO

Sem apoio, Dilma desiste de Constituinte para reforma política e encaminha ao Congresso mensagem propondo plebiscito. A Câmara dos Deputados rejeita a PEC 37, que limitava o âmbito da atuação do Ministério Público.

26 DE JUNHO

Cinquenta mil manifestantes confrontam a polícia em Belo Horizonte, durante jogo em que o Brasil vence o Uruguai e se classifica para a final da Copa das Confederações. Dois mil manifestantes entregam pauta de reivindicações sobre transportes públicos ao governador Eduardo Campos, em Recife, e milhares vão às ruas em Brasília e em várias cidades do Rio Grande do Sul.

O Senado define corrupção como crime hediondo e a proposta segue para a Câmara. Os deputados aprovam o projeto que vincula recursos de *royalties* do petróleo à saúde e à educação. A Comissão de Constituição e Justiça da Câmara dos Deputados aprova emenda que institui voto aberto para cassação de mandato de parlamentar por falta de decoro e por condenação criminal.

27 DE JUNHO

Manifestantes incendeiam carro da TV Diário e entram em choque com a polícia em Fortaleza, próximo do estádio do Castelão, durante jogo entre Espanha e Itália. Cinco policiais são feridos e 84 pessoas, detidas.

28 DE JUNHO

O deputado Natan Donadon, de Rondônia, se entrega à Polícia Federal. É o primeiro parlamentar preso no exercício do mandato desde 1974. A Bovespa registra o pior semestre desde 2008.

29 DE JUNHO

A popularidade da presidente Dilma cai 27 pontos percentuais em relação a março de 2013, segundo o Datafolha.

30 DE JUNHO

Setenta mil pessoas cantam o Hino Nacional Brasileiro à capela no Maracanã, antes do jogo em que se enfrentaram Brasil e Espanha, no final da Copa das Confederações de 2013.

2. A "espiral do silêncio" e a escalada da insatisfação

Rubens Figueiredo

"Nós queremos tudo. E queremos agora."
Resposta de uma manifestante a repórter do jornal
The New York Times sobre o objetivo da manifestação

A SOCIEDADE BRASILEIRA NUNCA tinha protagonizado ou presenciado um movimento tão extraordinário, surpreendente, expressivo, intenso e vencedor como as manifestações de junho de 2013. Em poucos dias, a mobilização dos jovens acuou a presidente da República, embolou a sucessão presidencial, tirou a empáfia dos governadores, obrigou prefeitos a cancelar o aumento na tarifa dos transportes públicos[1], derrubou substancialmente o índice de credibilidade das instituições, confundiu analistas, colocou em dúvida a suposta onisciência do marqueteiro-mor de Brasília, criou embaraços entre ministros, fez o Congresso votar matérias que estavam repousando nos escaninhos havia tempos, estimulou a torcida a cantar a pleno pulmões o Hino Nacional nos jogos da Seleção na Copa das Confederações, colocou o Brasil nas manchetes internacionais, assustou a polícia e instituiu, pelo menos por algumas semanas, a sociedade no comando do Estado. Visto em perspectiva, trata-se de um acontecimento excepcionalmente único.

1. Levantamento realizado pelo jornal *Folha de S.Paulo* (6 jul. 2013) mostrou que o preço das passagens de ônibus tinha caído, beneficiando70% da população das grandes cidades. Os prefeitos de Recife, Natal, João Pessoa, Manaus, Belo Horizonte, Vitória, Goiânia, Campo Grande, Porto Alegre, Florianópolis, Curitiba, Aracaju, Campinas, Sorocaba e Bauru – para citar apenas alguns casos – baixaram as tarifas.

Buscar as causas dessa movimentação extraordinária e multifacetada não é tarefa simples. O ex-ministro Pedro Malan disse certa vez que, "no Brasil, até o passado é incerto". O fuzuê cívico de junho de 2013 é de difícil compreensão e por certo foi um "elemento surpresa" de nossa caminhada republicana.

O caráter de absoluta estupefação que permeou a sociedade – e surpreendeu os próprios organizadores do movimento – teve sua razão de ser, embora, a olho nu, fosse impossível vislumbrar no horizonte, e com os instrumentos de medição consagrados pelas ciências sociais, algo que se aproximasse do conteúdo explosivo da "rebelião das massas".

Em março de 2013, três meses antes dos episódios, as pesquisas de opinião levadas a efeito pelos principais institutos brasileiros apontavam "céu de brigadeiro" para a presidente da República e para seu governo. A avaliação positiva do governo federal, segundo o Ibope, estava em seu melhor momento: 63% de "ótimo" e "bom". Nada menos que 79% dos entrevistados apoiavam a maneira de Dilma Rousseff governar – e olha que Dilma não é e, pior, não faz questão de ser, nenhum primor de simpatia –, um índice espetacular que, em sociedades de massa e diversificadas, beira a unanimidade. As taxas de aprovação do governo federal em duas áreas que foram grandes temas das manifestações de rua também estavam longe de ser desastrosas: saúde (41%) e educação (52%).

O Ibope realizou uma pesquisa em junho, pouco antes da presença maciça e marcante dos insatisfeitos nas ruas. Os números pioraram em relação a março, mas nada que apontasse o dinamismo e a extensão dos protestos que viriam a acontecer. Os indicadores de avaliações positivas caíram de 63% para 55%; a aprovação quanto à maneira de Dilma Rousseff governar baixou de 79% para 71%; a aprovação na área da saúde despencou de 41% para 32% e na da educação, de 52% para 47%.

É razoável supor que a população se disponha a ir para as ruas caso um governo vá muito mal e a nação e a sociedade estejam beirando o caos. Em junho de 2013, a presidente ainda estava longe dos seus piores momentos. O pior índice de avaliação positiva do governo federal tinha ocorrido em julho de 2011 (48%), o mesmo ocorrendo com a aprovação da maneira de Dilma governar (67%). No que se refere à saúde, a menor taxa de aprovação foi em dezembro de 2012 (25%), o mesmo ocorrendo com a educação (43%). O argumento é: se a sociedade não se sentiu estimulada a protestar em julho de 2011, por que saiu às ruas, aprovou as jornadas de junho de 2013 e participou delas? A síntese de todas essas comparações está na Tabela 1.

Tabela 1 – Índices de aprovação do governo Dilma Rousseff (março de 2011 a junho dc 2013)

	Avaliação positiva do governo	Aprovação da maneira de Dilma governar	Aprovação na área da saúde	Aprovação na área da educação
Melhor momento	Março de 2013 63%	Março de 2013 79%	Março de 2011 41%	Março de 2011 52%
Pior momento	Junho de 2011 48%	Junho de 2011 67%	Dezembro de 2012 25%	Dezembro de 2012 43%
Junho de 2013	55%	71%	32%	47%

FONTE: PESQUISAS NACIONAIS DO IBOPE

Embora com a aprovação em queda, o conforto governamental era tamanho que os levantamentos de intenção de voto apontavam um amplo favoritismo de Dilma Rousseff na corrida presidencial. Os resultados de pesquisa realizada pelo Datafolha nos dias 6 e 7 de junho de 2013 eram os seguintes: Dilma, 51%; Marina Silva, 16%: Aécio Neves, 14%; Eduardo Campos, 6%. Na intenção de voto espontânea, Dilma alcançava 27% contra 4% de Aécio Neves, seu mais próximo competidor nesse quesito. Ou seja, a presidente da República, momentos antes de enfrentar a inesperada onda de protestos que fez seu governo passar pela maior crise até então – e obrigá-la, em rede nacional de TV, a prometer Constituinte exclusiva –, venceria com muita folga a eleição já no primeiro turno.

Em São Paulo, palco do início das manifestações, o desempenho do governo do estado igualmente não permitia vislumbrar turbulências no futuro imediato. Levantamento feito pelo Datafolha nos dias 6 e 7 de junho mostrava que 52% do eleitorado paulista considerava a administração Geraldo Alckmin "ótima" ou "boa", 31% a achavam "regular" e apenas 15% a classificavam de "ruim" ou "péssima". Mais: os números relativos à intenção de voto apontavam que Alckmin venceria no primeiro turno, mesmo num hipotético confronto com o quase mitológico ex-presidente Lula.

Já o prefeito da capital, Fernando Haddad, ostentava vigorosos 34% de avaliação positiva (ótimo ou bom), o melhor desempenho de um prefeito paulistano com seis meses de mandato desde que existem pesquisas de opinião mensurando esse tema. A tabela a seguir mostra isso, evidenciando que Haddad era, em junho, simplesmente o recordista de avaliações positivas em 27 anos! Não terá sido, portanto, pela percepção da opinião pública acerca da inépcia dos governantes que o povo foi às ruas.

Tabela 2 – Porcentagem de aprovação de prefeitos de São Paulo em início de mandato (*)

Prefeito	Avaliações positivas	Data
Jânio Quadros	16%	Junho de 1986
Luiza Erundina	16%	Junho de 1989
Paulo Maluf	20%	Junho de 1993
Celso Pitta	15%	Julho de 1997
Marta Suplicy	20%	Junho de 2001
José Serra	30%	Junho de 2007
Fernando Haddad	34%	Junho de 2013

FONTE: DATAFOLHA

* Não foram realizadas pesquisas com seis meses da gestão Gilberto Kassab

Presidente da República bem avaliada. Eleitorado brasileiro declarando, nas pesquisas, apoio à continuidade administrativa. Governador do estado de São Paulo com índices invejáveis de aprovação e prefeito da capital batendo recorde de popularidade. Avaliações positivas bastante razoáveis nos principais serviços públicos. Como explicar, então, a avenida Paulista entupida de manifestantes gritando a plenos pulmões que tudo estava errado? Como explicar o apoio da opinião pública, amplamente favorável às manifestações?

O PIB E O POB

Um governante é bem avaliado por diversos motivos. Fernando Henrique Cardoso teve seus momentos de glória quando estabilizou a moeda e colocou no mercado de consumo milhões de brasileiros. Lula atingiu recordes inimagináveis de popularidade porque é um fenômeno: apostou na continuidade dos fundamentos da política econômica que sempre criticou, deu ênfase ao mercado interno, ampliou o crédito, criou o programa Bolsa Família – o melhor custo-benefício social e eleitoral de que se tem notícia – e, para completar, tem uma empatia e uma capacidade de comunicação com os segmentos menos instruídos e mais pobres do eleitorado simplesmente inigualável. Foi o presidente-ídolo. Dilma pegou o "barco andando", a sociedade com tolerância máxima e manteve os índices de avaliação positiva muito altos. Mas não tinha, a seu favor, a originalidade das realizações de seus antecessores – Plano Real, Bolsa Família, crédito, o "nunca antes na história desse país". Não representou um ponto de inflexão na cabeça dos eleitores.

Os especialistas costumam associar a avaliação positiva de governantes nacionais ao desempenho da economia, em geral entendido como o crescimento do Produto Interno Bruto (PIB). Prefiro falar de algo que apelidei de Produto de Opinião Bruta

(POB). É evidente que, quando o eleitor se vê diante de um entrevistador de instituto de pesquisa, o que ele responde reflete mais uma sensação do que, mais propriamente, uma opinião. O sujeito que está respondendo a uma pesquisa não faz grandes elucubrações mentais sobre as virtudes e os defeitos do governo ou sobre o que ele fez de bom no passado recente. Tampouco leva em conta a evolução de indicadores econômicos e sociais, o grau de corrupção, a política externa, se o rio São Francisco está sendo realmente transposto ou a lógica e a adequação à realidade dos discursos da presidente da República. Não. Ele responde quase por impulso, levando em conta, principalmente, o POB, indicador que mede seu nível de conforto econômico. E, subsidiária e inconscientemente, também o impacto da propaganda governamental, que, nos últimos anos, no caso do governo federal, pode ser adjetivada de massacrante.

O POB é composto de taxa de inflação (com ênfase nos produtos de consumo mais populares), índice de desemprego, renda média, crédito, endividamento e taxas de juros. Pois bem: haveria, em junho de 2013, um nível de desconforto econômico que justificasse a ida às ruas com tamanho entusiasmo e alguma renitência de mais de um milhão de pessoas, nos mais diferentes pontos do país?

Em meados de 2013, a inflação batia o teto da meta (6,5% ao ano). O preço de produtos como farinha de mandioca, tomate e batata, que têm grande impacto na cesta de consumo das camadas mais populares, estava subindo muito acima da inflação média. Em maio de 2013, o Cadastro Geral de Empregados e Desempregados (Caged), divulgado pelo Ministério do Trabalho e Emprego, que mede o saldo entre o número de trabalhadores admitidos com carteira de trabalho e o número de demitidos, teve seu pior resultado em 21 anos (desde 1992). A renda média estava crescendo um pouco – 4,7% acima da inflação –, o crédito, caindo, e o endividamento, aumentando – a porcentagem de entrevistados que declarou que não compraria presente no Dia das Mães por falta de condições financeiras ou endividamento subiu de 23% para 40% entre junho de 2012 e junho de 2013, segundo dados da Federação do Comércio do Estado de São Paulo (Fecomercio-SP) – e os juros em ascensão.

Alguns analistas de excelente nível arriscaram explicações de viés economicista. Hélio Schwartsman, colunista do jornal *Folha de S.Paulo*, comentou em crônica com título contundente – "É a comida, estúpido"– um trabalho de Marco Lagi e colaboradores do New England Complex Systems Institute em que mostram que "há uma correlação importante entre os preços dos alimentos calculados pela FAO (agência da ONU para a agricultura) e a ocorrência de protestos em todo o mundo". A hipótese – que não foi defendida por Schwartsman, é bom que fique claro – soa totalmente exagerada e nada indica que ajude a explicar as manifestações no Brasil. Em épocas de *bigdata*, qualquer correlação é possível. O pessoal que foi às ruas era composto em geral por saudáveis e atléticos jovens de universidades de ponta (algumas privadas e caríssimas), estando longe de parecer uma horda de famintos que têm na farinha de mandioca uma de suas iguarias preferidas.

André Singer, também colunista da *Folha*, associou a taxa e a expectativa em relação à evolução do desemprego (medida em pesquisas de opinião) às manifestações. O autor apontava, mais do que os dados negativos em si, uma reversão de tendência. E dizia que o desemprego e sua percepção ajudavam a entender os protestos – ou seja, não estabeleceu uma causalidade automática e estreita entre desemprego e manifestações. Mais indicou do que afirmou. Os dados estão na Tabela 3 (p. 30).

O POB estava realmente piorando – mas não é razoável supor que essa piora explique as manifestações de junho. A vida do brasileiro, no período FHC-Lula, melhorou substancialmente, com estabilização da moeda, criação de uma ampla rede de proteção social, movimentação da economia nas pequenas cidades, alta considerável do consumo e a famosa ascensão à chamada classe C. A ascensão social pode ter sido rápida, mas a memória

Tabela 3 – Desemprego e expectativa do desemprego

Taxa de desemprego	Em %
Janeiro de2013	5,4
Março de 2013	5,7
Junho de 2012	6
Acreditam que o desemprego vai diminuir	**Em %**
21 de março de 2013	41
7 de junho de 2013	27
28 de junho de 2013	19

FONTES: IBGE E DATAFOLHA

dela é mais duradoura. Seria muito arriscado, para não dizer leviano, aventar a hipótese de alto desconforto econômico e de algum pavor de parcelas consideráveis da classe C de voltar ao status de classe D. Parafraseando a propaganda famosa, "a primeira viagem de avião a gente nunca esquece". Com celular na mão, carro na garagem, televisão de tela plana na sala e o sonho de comprar algo melhor do que o vizinho, nada indicava que o brasileiro se sentisse estimulado a ir às ruas por motivação econômica. Para completar, a situação da economia nunca esteve entre as principais causas da movimentação nas ruas – seja nos cartazes, seja nas pesquisas de opinião.

Outro ponto a destacar é o seguinte: os manifestantes não eram o que poderíamos chamar de "cidadãos comuns". Eles eram mais jovens, de maior renda, muito mais escolarizados, mais democráticos e mais oposicionistas do que o brasileiro médio. É bom notar: quem foi à rua não foi o fã de Lula-Dilma – embora as manifestações não fossem especificamente contra o governo federal. O eleitor típico de Dilma em meados de 2013 era mulher, com mais de 55 anos, escolaridade e renda baixas e morador de pequenas cidades do Nordeste. Ou seja, a antítese sociodemográfica do manifestante de junho de 2013: jovem, universitário e morador de grandes centros. Na tabela a seguir é possível comparar o perfil do manifestante da avenida Paulista com a média do eleitor-cidadão brasileiro.

Tabela 4 – Perfil dos manifestantes *versus* perfil do eleitor: escolaridade

	Brasil	Cidade de São Paulo	Avenida Paulista
Ensino fundamental	48%	34%	2%
Ensino médio	36%	42%	20%
Ensino superior	16%	24%	78%

FONTES: IBOPE E DATAFOLHA

No que se refere à intenção de voto para presidente, a diferença entre o manifestante e o brasileiro médio também é evidente. Em nome do bom raciocínio, é preciso relativizar a comparação, pois o cotejamento é feito entre pesquisas realizadas antes da "farra" cívica com outras opiniões que foram colhidas no calor dos acontecimentos – ou seja, em plena manifestação. De qualquer modo, fosse a eleição realizada em junho de 2013 entre os manifestantes presentes na avenida Paulista, o mais votado seria o então ministro do Supremo Tribunal Federal, Joaquim Barbosa. Chama a atenção, também, o altíssimo índice de intenção entre os manifestantes de votar em branco e anular o voto, o que corrobora a tese niilista: a quantidade de votos em branco e nulos era quase o quíntuplo do que se observava em pesquisas nacionais. Em outras palavras, nada menos do que 57% dos manifestantes votariam num *outsider* – Barbosa – ou em ninguém. Na tabela a seguir, é possível comparar os níveis de intenção de voto para presidente da República entre eleitores do Brasil, de São Paulo e entre os manifestantes da avenida Paulista.

Tabela 5 – Intenção de voto para presidente da República

	Eleitores Brasil 6 e 7 de junho de 2013	Eleitores São Paulo 6 a 7 de junho de 2013	Manifestantes na avenida Paulista 20 de junho de 2013
Dilma Rousseff	49	40	10
Marina Silva	14	15	22
Aécio Neves	12	16	5
Joaquim Barbosa	8	11	30
Eduardo Campos	5	5	1
Branco/nulo/nenhum	6	11	27
Não sabe	5	2	5

FONTE: DATAFOLHA

A ESPIRAL DO SILÊNCIO

Elisabeth Noelle-Neumann[2], pesquisadora alemã intuitiva, experiente e sábia, tem uma tese interessantíssima sobre os humores da opinião pública. Neumann se especializou em decifrar os grandes enigmas sociais e explicar as mudanças das correntes de opinião. Ela defende que o clima de opinião depende de quem fala e de quem permanece quieto. Conta que, certa vez, encontrou pela manhã um estudante com um broche do partido Democrata Cristão Alemão (UDC). Surpresa, comentou: "Não sabia que você era partidário dos democratas-cristãos". O estudante respondeu: "E eu não sou. Só coloquei o broche para ver o que acontece". À tarde, o estudante estava sem o adereço: tinha desistido de expressar sua "opinião", provavelmente porque a reação dos colegas e amigos não tenha sido das melhores.

---

2. Noelle-Neumann, Elisabeth. *La espiral del silencio. Opinión pública: nuestra piel social.* Barcelona: Paidós, 1995

Neumann sugere que fenômenos de opinião pública – como as manifestações de junho de 2013 – podem estar, por assim dizer, "adormecidos" na mente das pessoas. Ela escreve: "A língua se solta quando alguém se sente em harmonia com o espírito da época em que vive". Substitua a "língua se solta" por "pessoas vão à ruas" e teremos uma belíssima pista sobre o que aconteceu no Brasil. Para a alemã, os cidadãos, de maneira geral, têm uma percepção bastante aproximada do clima de opinião, o que ela chama de "intuição estatística" – e se sentem mais confortáveis em expressar sua opinião se ela coincide com o que pensa seu grupo social.

Se Neumann tinha razão no que se refere à Alemanha dos anos 1960 e 1970, imagine agora. O ponto é: não existe mais quem permaneça quieto. As redes sociais, tão bem analisadas por Marcelo Tognozzi no Capítulo 5, acabaram com o silêncio, o medo, a timidez e a acomodação. O broche é o Facebook – ao alcance da mão, sem sair de casa, sem exposição física. Minha tese é a de que alguns fatos foram irritando a opinião pública e, numa escala crescente, geraram protestos nas redes sociais – que foram também as grandes mobilizadoras das manifestações (segundo pesquisa Ibope de 20 de junho de 2013, 62% dos entrevistados souberam dos eventos pelo Facebook) e culminaram com a catarse popular.

Ficou claro, pelo raciocínio delineado neste ensaio, que não havia motivações de percepção de altíssima incompetência governamental (no plano federal, estadual e municipal) ou de caráter econômico. Tampouco as manifestações se deram a partir de um caso espetacular de corrupção (é verdade que, no Brasil, o conceito de "caso espetacular de corrupção" tem uma elasticidade notável). Também não havia uma grande instituição mobilizadora, como partido, sindicato, união de estudantes etc. O aumento das tarifas de ônibus foi o estopim, não a causa. Quais seriam, então, esses fatores de irritação?

Em artigo publicado no jornal *O Estado de S. Paulo* (28 jul. 2013), Peter Hakim, presidente emérito do centro de estudos

Diálogo Interamericano, desenvolve a seguinte análise: "[...] Embora a lista de reclamações fosse longa, os manifestantes brasileiros não apresentaram prescrições concretas e fizeram poucas exigências específicas. Ao contrário do que aconteceu nos processos do Egito e da Turquia, em Portugal e na Espanha, não pediram a renúncia de sua presidente ou destituição do governo". No Chile, por exemplo, o foco das manifestações era a educação. No México, o combate às drogas. Nos Estados Unidos, a luta era pela ampla distribuição de renda. E aqui, qual foi a motivação?

As manifestações de junho tiveram caráter multicausal. Passo a listar aqueles que foram, a meu ver, os fatores de irritação que, associados e criando uma retroalimentação, culminaram com a explosão cívica que surpreendeu o Brasil e o mundo.

O primeiro deles é a "escalada da esperteza governamental". Nos meses que antecederam às manifestações, o Brasil assistiu a uma série de medidas cosméticas que, em vez de atacar as causas dos nossos problemas, varria-os para debaixo do tapete. Essas medidas tiveram uma ampla, para não dizer unânime, repercussão negativa nos meios de comunicação. Alinham-se nesse item a série de desonerações oportunistas de setores da economia, a maquiagem das contas públicas e o lançamento do Programa Minha Casa Melhor, com crédito subsidiado para a compra de aparelhos eletrodomésticos.

O segundo, o espírito associado à "empáfia debochada", que vem a ser a reação totalmente despropositada da presidente Dilma e de autoridades do governo diante de situações nas quais se espera humildade para reconhecer erros e seriedade nos esclarecimentos. No episódio da corrida aos bancos para recebimento do Bolsa Família, patacoada que se originou na própria Caixa Econômica Federal, o governo saiu a campo completamente irado, para não dizer possesso, atacando a oposição e declarando ter descoberto que uma empresa de telemarketing teria ligado para os beneficiários do programa informando sua extinção, algo que ficaria melhor num filme de ficção científica. Depois, o governo admitiu o erro. Quando as notícias sobre a atividade econômica desagradaram o governo, a presidente Dilma atribuiu os índices desfavoráveis aos pessimistas, comparando-os ao "velho do Restelo" – personagem de *Os lusíadas*, de Luiz de Camões, que sempre achava que tudo ia dar errado. A arrogância de dois dos principais porta-vozes do governo e do PT à época, Gilberto Carvalho e Rui Falcão, que não são exatamente amistosos, ajudou bastante a irritar a opinião pública. Em vez de explicar os fatos e desenvolver raciocínios, eles enxergaram os circunstantes como inimigos a ser abatidos, disparando farpas e ironias, quando não ameaças, para todos os lados.

O terceiro fator foram as notícias de "corrupção destrambelhada". Declarações favoráveis aos mensaleiros por parte do ministro representante do PT no Supremo Tribunal Federal, Dias Toffoli, foram um balde de água fria numa sociedade que considerava a condenação – e a consequente punição – dos envolvidos no escândalo do mensalão uma conquista histórica de nossa democracia, quase questão de honra. Somem-se a isso os astronômicos gastos com os estádios da Copa do Mundo, alguns deles sem utilidade previsível depois do evento. Não por acaso, um dos cartazes mais festejados nas manifestações era o que dizia: "Queremos hospitais padrão Fifa".

O quarto fator tem que ver com as sucessivas demonstrações de "incompetência de alto impacto". O caso da transposição do rio São Francisco, exposto no programa *Fantástico*, da Rede Globo, passou para a opinião pública uma ideia do mais profundo desprezo ao dinheiro público e o total desrespeito aos cidadãos que pagam seus impostos. As imagens de obras abandonadas e do mato crescendo no leito por onde deveria passar o rio chegaram a ser revoltantes. Algo semelhante aconteceu na reportagem, também transmitida pela Globo, sobre a Ferrovia Transnordestina.

Outro fator de irritação, o quinto, é a "comemoração permanente" do governo e do PT. O volume de publicidade e de notícias favoráveis era assombroso. Matéria publicada no jornal *O Estado de S. Paulo* (12 ago. 2013) trazia a seguinte chamada: "Dilma supera Lula nas despesas com propaganda; juntos, gastaram 16 bi". Os gastos com publicidade do governo Dilma, nos dois primeiros anos de gestão, foram 23% superiores à média dos oito anos de mandato de Lula. Os recordistas de gastos eram a Secretaria de Comunicação e o Ministério da Saúde, na administração direta, e a Caixa Econômica Federal, a Petrobras e os Correios, na administração indireta. Tudo para mostrar um Brasil no qual tudo funciona bem, onde as pessoas vivem felizes e sem contratempos. Exatamente o contrário do que se vê no dia a dia: serviços públicos sofríveis, trânsito que não anda, insegurança generalizada e empresas públicas ineficientes.

Outra montanha de dinheiro é gasta no aparato estatal de notícias. Segundo o *Estado de S. Paulo* (21 abr. 2013), "os gastos crescentes com a Empresa Brasil de Comunicação (EBC) e o uso cada vez mais comum de serviços terceirizados de assessoria de imprensa nos órgãos públicos criaram nos últimos anos uma máquina estatal de informação que emprega mais de 3.600 profissionais e cujos gastos giram em torno de R$ 900 milhões anuais". Aí incluídas oito rádios, três TVS – a TV Brasil, a TV Brasil Internacional, cujo sinal atingiria três milhões de brasileiros que vivem no exterior, e a NBR TV – e a Agência Brasil, portal público de notícias. Uma sociedade irritada, recebendo notícias de que tudo anda às mil maravilhas, mais indignada ficará.

Essa "autolouvação exagerada" convivia com serviços públicos da pior qualidade, o sexto fator de irritação. As áreas de saúde e educação, as mais importantes e mais utilizadas, eram consideradas sofríveis. Em algumas cidades, o tempo para conseguir uma consulta médica com um especialista passa dos dez meses. A realização de um exame pode demorar anos. Eram 700 cidades sem um único médico. Na educação, o Brasil fica na rabeira dos rankings internacionais – e muitos indicadores em 2013 estavam piorando. E dá-lhe propaganda!

O sétimo fator de irritação é a dificuldade de viver nos grandes centros. Um dos tormentos é a insegurança e a sensação de insegurança, analisados com competência pelo especialista Tulio Kahn no Capítulo 8. Outro é a questão da mobilidade urbana. Muito tempo de deslocamento em ônibus e trens, por vezes precários, irrita o cidadão que usa transportes públicos. Os congestionamentos gigantescos em grandes conglomerados urbanos, associados à indústria das multas e à inexistência de espaços para estacionamento, tiram o humor daqueles que usam veículos particulares e transformam qualquer deslocamento em um quase martírio. Não por acaso, pesquisa do Ibope sobre os motivos da mobilização apontou o transporte público como a principal causa da manifestação – que, diga-se de passagem, congestionou ainda mais o trânsito –, com 38% das citações.

Finalmente, o oitavo fator de irritação, pouquíssimo comentado, que chamo de "inferno privado". A qualidade dos serviços prestados pelas empresas é sofrível e o preço, altíssimo. É desgastante, para não dizer aterrorizante, entrar em contato com qualquer grande prestador de serviço. Infeliz de quem necessita usar o *callcenter* bancário, de telefonia (por algum motivo difícil de explicar, é impossível comunicar-se com as empresas de telecomunicação), cartão de crédito, planos de saúde e TV a cabo. A coisa está tão ruim que já foi folclorizada. Os comediantes têm a relação consumidor-empresas como grande matéria-prima para suas falas e delas fazem os esquetes mais hilários. No Brasil, o 0800 só serve para reclamar do 0800.

Tudo isso incomodando o cidadão – e qual a resposta das instituições, no calor dos acontecimentos? Tentaram aprovar a PEC 37, que restringia a fiscalização dos políticos pelo Ministério Público, criaram mais municípios – mais gastos, mais inoperância e mais corrupção – e abriram a discussão sobre a "cura gay", interessante tese que desafia a ciência e não encontra guarida senão em círculos mais excêntricos. Provocar quem está irritado não está entre as providências mais aconselháveis.

Para concluir, a questão da representação, tão citada pelos analistas. Quando uma sociedade tem um canal de expressão de suas demandas e uma esperança, o canal de expressão assume o poder. Foi o que aconteceu com o PT no plano nacional, quando ganhou a eleição em 2002. Quando a sociedade tem um canal de expressão e não tem esperança, o *status quo* se reproduz. Quando não tem canais e tem esperança, os canais necessariamente aparecem e se consolidam. Agora, quando não há canais de expressão nem esperança, só irritação, acontece o que se assistiu em junho de 2013: uma manifestação pública gigantesca e fascinante, que ficará marcada na história do Brasil.

3. Uma visão econômica e política dos protestos juninos

Roberto Macedo

INTRODUÇÃO

Ninguém anteviu os protestos populares que chegaram às ruas em junho de 2013. Logo depois, vieram as muitas tentativas de explicá-los. Esta é mais uma, mas sem a pretensão de oferecer avaliações efetivamente capazes de relacionar causas e efeitos no contexto de processos que estabelecessem melhor a natureza teórica das relações e de pesquisas que as comprovassem empiricamente.

O que se apresenta são algumas questões presentes nos contextos econômico e político do país, as quais, ao lado de outras não identificadas, podem ter contribuído para levar às manifestações juninas. Digo juninas porque nos meses que se seguiram os protestos mudaram de natureza. Em particular, a adesão diminuiu e recrudesceu a violência dos manifestantes, alguns dos quais só por ela motivados. Isso ocorreu também nas manifestações de menor vulto, ocorridas em 7 de setembro de 2013. Recorde-se que, na ocasião, houve previsões de aumento dos protestos. Eles vieram, mas com participação bem menor se comparados aos juninos e com o noticiário ressaltando o que um jornalista chamou de a "já habitual e lamentável pancadaria localizada" – traço característico dos protestos a partir de agosto, depois de um refluxo geral em julho.[1]

---

1. Gielow, Igor. "Gigante de sono agitado". *Folha de S.Paulo*, 8 set. 2013, p. 2.

Este artigo tem cinco seções. A primeira apresenta breves considerações sobre aspectos econômicos identificados como motivadores das manifestações. A segunda aborda também questões políticas, ao incorporar uma visão de longo prazo da evolução da população brasileira e do eleitorado desde 1950. Realça-se a forte ampliação daquela e deste, ao lado da concentração de ambos em áreas urbanas. Entende-se que esses três aspectos são fundamentais para compreender a atual realidade do país, pois o fortíssimo crescimento da população urbana e a enorme carência de recursos públicos para atender às suas necessidades levaram a sérios problemas em áreas como segurança, educação, saúde, saneamento e mobilidade urbana.

Entende-se também que o imenso e carente eleitorado que se formou desde 1950 abriu espaço para políticas federais populistas que procuraram cooptá-lo, sobretudo a partir dos anos 2000 e durante os governos petistas, dessa vez com mais transferências na forma de benefícios em dinheiro. O melhor desempenho da economia, em meados da década passada, gerou maior arrecadação de impostos, estes também ampliados por nova rodada de aumento da carga tributária, beneficiando em especial a União – esta, tradicionalmente mais aquinhoada com mais impostos e ampla margem de endividamento do que os estados e municípios. Contudo, são esses os entes mais próximos dos cidadãos, mas sem condições de atender adequadamente às suas carências em áreas como as citadas.

A terceira seção comenta artigo de André Lara Resende sobre as manifestações.[2] A quarta examina os protestos do ponto de vista internacional, resumindo estudo sobre o Brasil no contexto das Américas.[3] Penso que esse estudo mereça maior divulgação no país. A quinta seção acrescenta considerações finais.

---

2. Resende, André Lara. "O mal-estar contemporâneo". *Valor Econômico*, 5 jul. 2013.

3. Moseley, Mason; Layton, Matthew. "Prosperity and protest in Brazil: the wave of the future for Latin America?" *Americas Barometer Insights*, n. 93, 2013, publicação produzida pelo Latin America Public Opinion Project (Lapop), da Vanderbilt University (EUA). Disponível em: <http://www.vanderbilt.edu/lapop/insights/IO893en.pdf>. Acesso em: 20 jul. 2014.

ASPECTOS ECONÔMICOS DAS MANIFESTAÇÕES

Em várias oportunidades as manifestações envolveram demandas de natureza econômica, inclusive a apontada como deflagradora de outras que se seguiram – qual seja, aquela voltada para reverter o aumento de tarifas de ônibus na cidade de São Paulo ou até eliminá-las. Houve também protestos contra o mau uso de dinheiro público em várias áreas, em particular nos estádios reformados ou construídos para a Copa do Mundo de 2014, gerando até reivindicações do chamado "padrão Fifa" para serviços públicos como educação e saúde. De modo geral, contestou-se a incapacidade estatal de prover serviços de qualidade usando os recursos que arrecada. Essa contestação do papel do Estado diz respeito a temas tipicamente econômicos, como sua eficácia e eficiência, ao lado da distribuição dos benefícios aos cidadãos.

O perfil dos participantes das manifestações revela tratar-se de grupo constituído predominantemente de jovens. A maioria não veio dos segmentos mais pobres da sociedade, prevalecendo os da classe média tradicional, conforme será conceituado mais à frente. Ora, é sabido que os mais pobres são os que mais sofrem com a baixa qualidade dos serviços públicos. Porém, muitos desses pobres se beneficiaram do crescimento da economia na década passada, o que lhes trouxe maiores rendimentos do trabalho, beneficiados também pelas menores taxas de desemprego registradas desde que as estatísticas a respeito se tornaram disponíveis para as seis maiores regiões metropolitanas do país. Os mais pobres foram também favorecidos pela forte ampliação das já citadas transferências governamentais em dinheiro. Assim, usando uma expressão popular, os mais pobres permanecem "no lucro" e deslumbrados com o maior consumo a que tiveram acesso, estimulado também pelo crédito ampliado. No entanto, costumam ter longas jornadas de trabalho e, nas grandes cidades, gastam muito tempo no desconfortável transporte urbano.

Assim, mesmo que pretendessem verbalizar suas opiniões, teriam muito mais dificuldade do que os jovens da classe média tradicional que engrossaram os protestos.

Como evidência disso, uma manifestação organizada por sindicatos de trabalhadores na região central da cidade de São Paulo, que tive a oportunidade de observar pessoalmente, teve baixa adesão, e a imprensa constatou que vários de seus participantes foram arregimentados mediante pagamento. Acrescente-se, ainda, que os jovens da classe média tradicional têm maior capacidade de mobilização por meio das redes sociais.

Além de motivações, as manifestações também tiveram consequências econômicas. Várias vezes, diante dos riscos de depredação, o comércio fechou as portas nos locais em que elas ocorreram. De sua parte, consumidores deixaram de ir às compras em face dos riscos pessoais percebidos pelo noticiário das redes de televisão. Com isso, a confiança do consumidor foi abalada, o mesmo presumivelmente acontecendo com a de empresários, ao conjecturarem também que as manifestações poderiam trazer riscos para o ordenamento social e político do país – e, assim, para seus investimentos e empreendimentos. Em ambos os casos, tanto o consumo como o investimento devem ter sido prejudicados.

O CRESCIMENTO DA POPULAÇÃO, DA URBANIZAÇÃO E DO ELEITORADO DESDE 1950 E SUAS IMPLICAÇÕES POLÍTICO-ECONÔMICAS

A Tabela 1 mostra a população brasileira no total e por situação do domicílio (urbana e rural) de 1950 a 2010.

Observando-se a população total, nota-se seu rápido crescimento. Nas duas primeiras décadas do período, o aumento foi, *grosso modo*, de cerca de 20 milhões por década. Nas décadas de 1970 e 1980, esse crescimento alcançou perto de 25 milhões em cada década e, partir dos anos 1990, voltou ao patamar de 20 milhões por década, denotando que a taxa de crescimento da população caiu. Mas, de modo geral, os acréscimos foram fortíssimos. Mantive os números em unidades para realçar sua grande dimensão. E, num país ainda em desenvolvimento, todo esse crescimento dificultou sobremaneira a tarefa de assegurar bons serviços públicos à população.

Tabela 1 – Brasil: população residente por situação do domicílio
Evolução decenal – 1950 a 2010

Ano	Total (T)	Urbana (U)	Rural (R)	(U) /(T) em %
1950	51.944.398	18.124.119	33.820.279	36%
1960	70.324.103	31.619.060	38.693.695	45%
1970	93.134.846	52.097.260	41.037.586	56%
1980	119.011.052	80.437.327	38.573.725	68%
1991	146.825.475	110.990.990	35.834.485	76%
2000	169.799.170	137.953.959	31.845.211	81%
2010	190.755.799	160.925.792	29.830.007	84%

FONTE: IBGE, CONFORME DATAPREV. NO CENSO DE 1960, T SUPERA A SOMA DE U E R EM 11.348 PESSOAS; OS DADOS DAS PARTES E DO TOTAL FORAM OBTIDOS DE DIFERENTES TABELAS DA FONTE; O CÁLCULO DA COLUNA FINAL NÃO SE ALTERA SE ESSA DIFERENÇA FOR DEDUZIDA DE T.

Tal dificuldade revelou-se particularmente acentuada nas áreas urbanas, nas quais o crescimento da população total foi ainda mais forte, conforme a mesma tabela. Nas décadas de 1970, 1980 e 1990, o aumento da população urbana esteve perto de 30 milhões por década – superior, portanto, ao da população total. Na última década do período analisado, esse número caiu para perto de 23 milhões, mas ainda assim era maior que o da população total. Mesmo com o grande crescimento desta, o censo de 2010 mostrou que a população rural era menor que em 1950! No conjunto do período, a taxa de urbanização mais que dobrou, passando de 36% a 84% da população total.[4] Em comparação, esse aumento da taxa de urbanização, que no Brasil levou 50 anos, conforme a Tabela 1, nos Estados Unidos ocorreu em cerca de 110 anos, ou seja, duas vezes o tempo aqui observado. Creio que nenhum país passaria por um processo de urbanização tão rápido sem grandes dificuldades. No Brasil, elas se tornaram bem evidentes, mas poderiam ser menores fossem outras as políticas públicas adotadas, em particular no que diz respeito à distribuição de recursos tributários entre União, estados e municípios.

Com isso, a carência de serviços públicos agravou-se nas áreas urbanas e onde a concentração populacional é mais forte: nas maiores regiões metropolitanas do país. Esta é uma das raízes mais importantes do descontentamento com os serviços públicos evidenciado nos protestos. Outra, a ser examinada mais adiante, é que a realização de investimentos públicos para mitigar essa insatisfação foi negligenciada.

A relação entre a população e o eleitorado é mostrada na Tabela 2 (p. 45). Verifica-se que, em 1950, o eleitorado alcançava 11,5 milhões, o que representava apenas 22% da população. Ao final do período analisado, esse eleitorado havia se multiplicado quase 12 vezes, incorporando cerca de 120 milhões de eleitores. Tendo observado sua evolução nesse período, no início o eleitorado era também predominantemente urbano. O voto para eleitores também de 16 e 17 anos veio, ainda que em caráter facultativo, com a Constituição de 1988, e o dos analfabetos,

---

4. No período coberto pela Tabela 1, a população total cresceu a uma taxa geométrica média de 2,2% ao ano, enquanto a urbana aumentou a uma taxa bem maior, de 3,7% ao ano. Um prefeito que assumisse uma cidade com um milhão de habitantes contabilizaria, ao final de um mandato de quatro anos, um crescimento de 15,6% no total da população – ou 156 mil habitantes a mais. No início do período, a taxa era superior à referida média e menor que ela ao seu final. Tomando-se a década de 1950, essa taxa foi de 5,7% ao ano, o que numa cidade do mesmo tamanho levaria a um aumento de 18,1% da população urbana em quatro anos, totalizando 181 mil pessoas a mais. Como atender às necessidades dos cidadãos urbanos levando ainda em conta uma situação de grandes carências acumuladas?

também em caráter facultativo, em 1985. Tanto uma como outra medida serviram para também ampliar o voto entre os segmentos mais pobres da população.

Tabela 2 – Brasil: população e eleitorado
Evolução decenal – 1950 a 2010

Ano	População	Eleitorado	Eleitorado/população
1950	51.944.398	11.455.149	22%
1960	70.324.103	15.543.332	22%
1970	93.134.846	28.966.114	31%
1980*	119.011.052	58.616.588	49%
1990	146.825.475	83.817.593	57%
2000	169.799.170	109.826.263	65%
2010	190.755.799	135.804.433	71%

FONTE: IBGE
* dados de 1982 quanto ao eleitorado, o ano mais próximo em que seu levantamento foi realizado.

Pelo que me recordo da minha vivência em Minas Gerais, nas décadas de 1950 e 1960, os segmentos mais carentes eram um grupo constituído sobretudo de trabalhadores rurais, da construção, domésticos e outros prestadores de serviços predominantemente braçais, com nível educacional muito baixo. Na outra ponta, estavam fazendeiros, empresários em geral e profissionais liberais. Entre as duas pontas estava a classe média, hoje chamada de tradicional ou antiga, composta de professores, funcionários públicos, comerciários, bancários, pequenos empresários e gestores profissionais. A criminalidade era baixíssima e pode-se dizer que a pobreza ficava, em larga medida, reclusa nas zonas rurais.

Dado esse quadro, a principal clientela política da época era essa classe média. Trata-se de um conceito que tem fundamentos econômicos, mas é mais sociológico e ordinal. De uns tempos para cá, passou-se a avaliar as classes de modo cardinal, medindo-se o nível de renda das pessoas ou famílias. E ganhou destaque a "nova classe média", que prefiro chamar de classe de renda média e ainda assim pobre – não só porque essa renda média é baixa, mas porque falta a essa classe o acesso a bens e serviços típicos da classe média tradicional, como educação satisfatória e habitação em boas condições, inclusive acesso a saneamento básico adequado.

Voltando à evolução do eleitorado, nas regiões mais industrializadas começou a se consolidar um eleitorado urbano, mais identificado com a condição de empregado, que desaguou no surgimento do Partido Trabalhista Brasileiro (PTB). Porém, este não tinha tanta força e por vezes se aliava ao Partido Social Democrático (PSD), este tipicamente de classe média, na qual também era forte a adesão à União Democrática Nacional (UDN), muito atuante como oposição.

Com esse fortíssimo aumento da população a partir da segunda metade do século passado, mais acentuado entre os mais pobres, ao lado da urbanização e da "eleitoralização" desses segmentos, cresceu sua importância política, a qual se acentuou a partir da década de 1990. Isso abriu espaço para a ascensão do Partido dos Trabalhadores e de Lula, seu líder maior – primeiro, à representação política no Congresso Nacional; depois, à Presidência da República, em 2002.

Assumido o poder federal, houve, como de praxe, a preocupação de manter-se ali. Mas, o que particularmente distinguiu Lula foi o modo de fazê-lo, mediante opção por políticas populistas que tiveram implicações econômicas e sociais que abordarei mais adiante. Não há como negar que houve também a opção pela tentativa de resgatar o que se convencionou chamar de dívida social mediante a ampliação dos programas sociais. No seu segundo mandato (1999-2002), Fernando Henrique Cardoso avançou nessa direção, conforme também se verá mais adiante, com programas que se tornaram embriões do programa Bolsa Família. Contudo, FHC vinha de um período economicamente desfavorável, a ponto de ser comum qualificar os anos 1980 e de

1990 de "décadas perdidas". Como ministro da Fazenda (1993-1994), teve de se empenhar no combate à inflação, chegando ao bem-sucedido Plano Real. E, ao tomar posse de seu primeiro mandato (1995-1998), enfrentou sérias dificuldades quanto à dívida pública, tanto externa como interna, que se estenderam à dívida externa privada em razão de uma forte escassez de reservas internacionais, indispensáveis à sustentação dos pagamentos externos.

Já sob Lula, a situação econômica do país, tanto interna como externa, bem como a orçamentária federal, mudou de figura em meados da década seguinte – e não só pelo aumento dos recursos tributários que vieram junto com o maior crescimento da economia. Esta foi impulsionada principalmente pelas maiores demandas da economia mundial e pela expansão do crédito doméstico. E de novo ocorreu a expansão da própria carga tributária, que já havia aumentado sensivelmente no governo FHC e seguiu se ampliando nos governos Lula e Dilma.

Traço típico deles, o enfoque populista fez que os gastos sociais voltados para benefícios em dinheiro recebessem o foco quase total da atenção presidencial no contexto dos gastos federais. Com isso, foram prejudicados os investimentos públicos na expansão da infraestrutura econômica e social.

A Tabela 3 (p. 48) mostra dados que sustentam essa avaliação. Ela cobre gastos não financeiros do governo federal, isto é, não inclui o pagamento de juros da dívida, no período 1999-2012. Uma característica peculiar da maneira como esses gastos foram apresentados pelo autor da tabela é que, entre as despesas na forma de transferências em dinheiro, as realizadas pelo INSS foram separadas de outras, como seguro-desemprego, abono salarial e Bolsa Família. Na Tabela 3, esses outros gastos aparecem na sexta coluna.

Note-se que no segundo mandato de FHC (1999-2002), conforme a penúltima linha da tabela, o governo federal amplia não só os gastos do INSS como esses outros gastos sociais – e de

Tabela 3 – Brasil: gastos não financeiros do governo federal 1999-2012, em porcentagem do PIB e variações dela

Ano e variações	1999	2002	2012	Variação 1999-2002	Variação 2002-2012
Pessoal	4,5%	4,8%	4,2%	0,3%	-0,6%
INSS	5,5%	6,0%	7,2%	0,5%	1,2%
Custeio administrativo	1,6%	1,1%	1,3%	-0,5%	0,2%
Custeio de saúde e educação	1,8%	1,8%	2,2%	0	0,4%
Outros gastos sociais	0,6%	1,0%	2,1%	0,4%	1,1%
Investimentos	0,5%	1,0%	1,1%	0,5%	0,1%
Outros gastos	0,1%	0,1%	0,1%	0	0
Total	14,5%	15,7%	18,2%	1,2%	2,5%

FONTE: TESOURO NACIONAL E SISTEMA INTEGRADO DE ADMINISTRAÇÃO FINANCEIRA. A TABELA ACIMA RESUME OUTRA APRESENTADA PELO ECONOMISTA MANSUETO DE ALMEIDA EM REUNIÃO DE ECONOMISTAS PROMOVIDA PELA ORDEM DOS ECONOMISTAS DO BRASIL (OEB), EM SÃO PAULO, NO DIA 3 DE MAIO DE 2013. AS VARIAÇÕES VERIFICADAS ENTRE 1999 E 2002 E ENTRE 2002 E 2012, CONSTANTES DAS DUAS ÚLTIMAS LINHAS, FORAM ELABORADAS PELO AUTOR DESTE ARTIGO.

forma mais acentuada nesse último caso –, que passaram de 0,6% para 1% do PIB. FHC, no entanto, dobrou a parcela dos gastos destinados a investimentos, que subiram de 0,5% para 1,0% do PIB. Nesse período também houve elevação da carga tributária, o que permitiu o aumento dos gastos totais.

Contudo, é a partir de 2003, quando se inicia o primeiro mandato de Lula, e por todo o período que vai até 2012, já com Dilma no governo, que ocorre um aumento mais expressivo dos dois grupos de gastos sociais, dessa vez praticamente sem expandir os investimentos como porcentagem do PIB. Em números, tomando-se os de 2012 em comparação com os observados em 2002, conforme mostra a última linha da tabela, os gastos do INSS aumentaram em 1,2% do PIB, enquanto os demais gastos sociais pagos em dinheiro tiveram um acréscimo de 1,1% do PIB, mais que dobrando de magnitude. Enquanto isso, os investimentos, em que pese o tão alardeado Programa de Aceleração do Crescimento (PAC), tiveram aumento de apenas 0,1% do PIB, o que prejudicou o crescimento do país e agravou as condições de sua infraestrutura econômica, como a de transportes, e social, como a de mobilidade urbana e o saneamento básico.

Embora essas duas últimas sejam de competência municipal e estadual, respectivamente, o governo federal poderia e deveria ter contribuído para a sua melhoria, sobretudo levando em conta que esses outros entes federativos sofrem de crônica carência de recursos, tema ao qual voltaremos mais adiante nesta seção.

Vale notar que todas essas referências a porcentagens do PIB envolvem magnitudes só aparentemente pequenas, já que essas porcentagens dizem respeito a valores vultosos. Segundo o IBGE, o PIB de 2012 alcançou o valor de R$ 4.402.437.000.000. Dado esse valor, o correspondente a 1% do PIB alcança R$ 44.024.370.000, ou R$ 44 bilhões. O programa Bolsa Família custa cerca de 0,5% do PIB, perto de R$ 22 bilhões. A propósito, muitas pessoas, inclusive economistas, vêm estranhamente chamando de "pibinhos" as pequenas taxas anuais de crescimento do PIB observadas no governo Dilma. Trata-se de equívoco não só de gênero, já que taxas são do feminino e "pibinhos" do masculino. O equívoco também é de grau, pois não há "pibinhos". O que há é um "pibão", o sexto ou sétimo maior do mundo. Em síntese, o que vem ocorrendo são taxinhas de um "pibão".

Antes de prosseguir, vale lembrar que no Brasil há excessiva concentração de poder no Executivo federal. Essa é uma característica profundamente enraizada, que remonta ao período imperial. Conforme Roberto Romano resumiu no mesmo mês de junho de 2013, "a pessoa presidencial [...] domestica, pela propaganda e [pelo] controle dos recursos públicos, a soberania popular, distorce a representação do Parlamento".[5] Pode-se

5. Romano, Roberto. "Poderes e corrupção". *O Estado de S. Paulo*, 23 jun. 2013, p. 2.

também dizer, em face das tabelas apresentadas, que essa característica abre espaço para políticas populistas que facilitam a reeleição do presidente ou a eleição de quem este recomende para suceder a ele.

Passando aos números, a concentração de poder na esfera federal se evidencia pelos dados de receita tributária disponível por nível de governo, que configuram o chamado pacto federativo. Mas não houve pacto; o que houve foi imposição da União. Segundo números de 2011, ela ficou com 57,1% do total da receita tributária disponível, 33% a mais que a soma das partes dos estados (24,6%) e dos municípios (18,3%). Isso impede que esses dois últimos entes – que, como já vimos, estão na ponta do atendimento a carências de educação, saúde, segurança e mobilidade urbana – possam dar à população um atendimento não tão ruim como o atual. Estados e municípios também têm limites de endividamento. Seu maior credor é a própria União, que se endivida sem limites e lhes cobra encargos mais altos que os da sua própria dívida.

Exacerbando sua atitude populista e eleitoreira, já existe de fato no governo federal o chamado "40º ministério", aquele que cuida do marketing político da presidente, sempre alardeando benesses populares e atribuindo-lhes marcas como se fossem produtos nas prateleiras de um enorme supermercado político. É bolsa disso e daquilo, casas que são vidas a melhorar com eletrodomésticos financiados, juntamente com elas, a juros subsidiados, e por aí afora.

Porém, um governo que se disponha efetivamente a resolver problemas da população não pode se limitar a benesses. É preciso, por exemplo, redistribuir receita para estados e municípios, reduzir gastos de consumo, investir mais, apertar as regras de aposentadoria para acomodar o aumento do número de idosos e sua sobrevivência e mudar a regra de reajuste do salário mínimo, que está por trás do forte aumento dos gastos sociais em dinheiro, conforme já foi assinalado. Ora, isso exigiria políticos estadistas e marqueteiros realmente talentosos, capazes também de cativar uma clientela para os sacrifícios necessários, tal como médicos convencem doentes a tomar remédios amargos e a passar por cirurgias dolorosas e arriscadas.

Acrescento que não sou contrário a gastos sociais, mesmo que na forma de transferências em dinheiro. Mas não se pode ficar quase que só nisso. Ao Estado cabem outras incumbências, como a educação, a saúde e a realização de investimentos em infraestrutura. Sem eles e sem mais contar com os fortes estímulos externos que marcaram grande parte da década passada, a economia continuará andando a taxinhas, prejudicando o crescimento do PIB e também a geração de mais recursos para o governo, inclusive para atender a mais gastos sociais.

UM COMENTÁRIO SOBRE A ANÁLISE DE ANDRÉ LARA RESENDE[6]

Ele foi um dos poucos economistas que analisaram os protestos juninos de forma mais aprofundada, tarefa dominada por jornalistas, sociólogos e cientistas políticos. Ademais, tem renome e merece atenção. Concordo com várias das opiniões expressas em seu artigo já citado, mas tenho observações complementares e algumas discordâncias.

Lara Resende começa apontando que não viu nos protestos brasileiros um paralelo com os movimentos similares noutros países, seja na Europa, nos Estados Unidos, seja também na chamada Primavera Árabe. Também não vejo essa correlação, exceto no do uso das redes sociais, que também se disseminou no Brasil. Mas essa é uma questão de meio e não de motivação, o assunto de nosso interesse comum, e ele reconheceu o importante papel dessas redes.

6. Resende, André Lara. "O mal-estar contemporâneo". *Valor Econômico*, 5 jul 2013.

Quanto à motivação dos protestos, afirma: "Os dois elementos tradicionais da insatisfação popular – dificuldades econômicas e falta de representação democrática – definitivamente não estão presentes no Brasil de hoje". Surpreendi-me com essa afirmação. Quanto a dificuldades econômicas da população, evidentemente elas estão longe de influenciar tanto como na Europa. Mas, na primeira seção, identifiquei dificuldades econômicas que tiveram algum papel nas manifestações – de uma questão microeconômica, como as tarifas de ônibus, a outras mais amplas, ligadas ao papel econômico do Estado. Também foi apontada a distorcida alocação de recursos tributários entre a União e os estados e municípios.

Sobre a falta de representação democrática, minha surpresa veio do fato de que a sua fragilidade foi apontada por vários analistas como um dos fatores por trás dos protestos, já que a classe política é muito distante do cidadão e revela-se incapaz de vocalizar e defender suas demandas. Porém, percebi que, ao mencionar a falta de representação, Lara Resende estava se referindo a questões como autoritarismo e ausência de liberdade de expressão, como nos países envolvidos na Primavera Árabe. Depois, passa a falar de crise de representação e reconhece seu papel no caso brasileiro, inclusive apontando-a como um dos eixos principais das causas do "mal-estar difuso no Brasil de hoje".

Como segundo eixo, assinala que "o projeto do Estado brasileiro não corresponde mais aos anseios da população. O projeto do Estado, e não do governo, é importante que se note, pois a questão transcende a governos e oposições. [...] Este hiato entre o projeto do Estado e a sociedade explica em grande parte a crise de representação".

Ora, o principal partido de oposição no período pós-FHC, o PSDB, tem uma visão do papel do Estado bem diferente da do PT, tanto na ideologia como na prática de políticas governamentais. E a crise de representação está intrinsecamente ligada ao sistema eleitoral de representação política. Tanto assim é que há uma demanda de reforma, cujos contornos e profundidade, todavia, permanecem difusos, pois as visões não convergem para um projeto capaz de mobilizar apoio – até porque o risco de atropelamento por uma reforma assusta grande parte da classe política. Uma mudança importante para aumentar a representatividade seria o voto distrital, em particular para que o eleitorado "marcasse" caso a caso o desempenho de seus representantes.

Mas qual é o projeto do Estado brasileiro? Lara Resende responde: "O Estado brasileiro mantém-se preso a um projeto cuja formulação é do início da segunda metade do século passado. Um projeto que combina uma rede de proteção social com a industrialização forçada". E resume esses dois pilares no conceito de desenvolvimentismo.

Quanto a isso, pondero que tanto as características do desenvolvimentismo tipicamente econômico como as da rede de proteção social mudaram do início para o fim do período a que ele se refere, o qual, de acordo com minha análise, começa em 1950. E não sei o que é desenvolvimentismo sem investimentos públicos. Ou seja, há um terceiro pilar no que seria esse projeto do Estado. Não vou discutir aqui a questão da industrialização forçada. Minha ênfase está nos investimentos públicos, sacrificados ainda mais pelo populismo que passou a marcar a gestão da rede de proteção social nas gestões petistas.

Quanto aos investimentos públicos, merece menção especial o governo federal de Juscelino Kubitschek (1956-1961), que enfatizou muito o investimento em infraestrutura. Como presidente da República, seu lema de governo foi semelhante ao que usou antes ao governar Minas Gerais. Era o que chamava de binômio, envolvendo energia e transportes. É sabido que JK deu grande impulso a essas áreas e que no governo federal seu binômio se expandiu com a industrialização e com a construção de Brasília, mas não sei de referências a ele em termos de ampliação da rede de proteção social.

Vale repetir que com a chegada do PT ao governo ampliou-se muito essa proteção mediante benefícios em espécie e individualizados. O que FHC iniciou nessa área o PT levou às últimas consequências, e com claro objetivo eleitoreiro. Em contrapartida, foram fortemente prejudicados os investimentos públicos. Então muda de figura todo o papel de componentes do que seria esse "desenvolvimentismo" que, numa atitude populista, se desequilibrou em favor da proteção social, negligenciando os investimentos governamentais.

Em seguida, depois de criticar o aumento da carga tributária e perceber a carência de investimentos, Lara Resende apresenta outra proposição, em parte discutível, ao dizer:

> O Estado brasileiro tornou-se um sorvedouro de recursos, cujo objetivo principal é financiar a si mesmo. Os sinais dessa situação estão tão evidentes que não é preciso conhecer e analisar os números. O Executivo, com 39 ministérios ausentes e inoperantes; o Legislativo, do qual só se tem más notícias e frustrações; o Judiciário, pomposo e desesperadoramente lento.

Mais adiante, ainda quanto ao Estado: "Passou a ser visto como um insaciável expropriador, cujo único objetivo é criar vantagens para os que dele fazem parte, enquanto impõe dificuldades e cria obrigações para o resto da população".

Entendo que o custo do Estado, como tal, é alto e descabido. Mas também é preciso examinar os números. Voltando à Tabela 3, não se constata nos itens "Pessoal" e "Encargos administrativos" um aumento significativo se comparado ao dos gastos sociais mostrados na terceira e na sexta coluna da tabela. Essa estabilidade não significa ausência de espaço para indispensáveis contenções. Em particular, é sabido que o governo paga a seus funcionários salários e benefícios muito superiores aos observados no setor privado em ocupações com níveis de responsabilidade e requisitos educacionais equivalentes. É sabido também que os governos petistas aparelharam órgãos estatais do Executivo com grande ampliação de cargos de confiança, o que, além de nada ético, prejudica sua eficácia e eficiência. E há muitíssimo para criticar também no Legislativo e no Judiciário. Porém, o grosso do aumento das despesas, conforme já apontado, resultou do populismo eleitoreiro, que se assenta na ampliação dos benefícios em dinheiro, e veio com os governos petistas.

Mais à frente, Lara Resende aponta características novas da ação estatal-governamental ao dizer que "o PT acrescentou dois elementos novos em relação ao projeto nacional-desenvolvimentista [sic] do regime militar: a ampliação da rede de proteção social, com o Bolsa Família, e o loteamento do Estado". Note-se que aqui ele já apresenta a ampliação dessa rede como elemento novo e não como "um projeto cuja formulação é do início da segunda metade do século passado", conforme menção anterior. É certo que houve esse loteamento, mas o projeto nacional desenvolvimentista também teve antecessores, e não apenas o regime militar; além disso, o Bolsa Família não foi, em números, nem o único nem o mais importante ingrediente da ampliação da rede de proteção social.

Tampouco é o mais criticável. A ampliação dos gastos sociais ocorreu, sobretudo, com os fortes reajustes do salário mínimo acima da inflação, que impulsionaram os gastos do INSS corrigidos pela mesma variação, o mesmo acontecendo com itens que compõem os outros gastos sociais da Tabela 3, como o seguro-desemprego, o abono salarial e os benefícios atribuídos a idosos e a portadores de deficiência não contribuintes do INSS. O Bolsa Família não custa muito, perto de 0,5% do PIB e, segundo a presidente, alcança 13,8 milhões de famílias, o que não é pouca coisa. É meritório, ressalvada sua fragilidade em termos de portas de saída, a necessidade de maior controle do status de seus beneficiários e sua ligação com o reajuste do salário mínimo.[7]

7. Haveria mais o que ponderar quanto ao artigo de Lara Resende, mas há as limitações de tempo e espaço. Seu artigo foi importante ao levar-me a mais reflexões sobre o assunto e para aceitar o convite de Rubens Figueiredo para elaborar este texto.

UMA ANÁLISE DE PROTESTOS NO ESPAÇO DAS AMÉRICAS

Ainda com relação às carências e a outras características da população e sua relação com os protestos, cabe mencionar um interessante trabalho publicado pelo já citado *Americas Barometer*. Recorde-se que o título do texto fala explicitamente dos protestos que ocorreram no Brasil, demonstrando o interesse internacional por eles. E a análise também atrai interesse ao colocá-los numa perspectiva internacional: a de 26 países das Américas e de protestos neles ocorridos.

O levantamento baseou-se em dados de 2011 publicados em 2012 e revelou que, nesse ano e dentro desse conjunto de países, o Brasil registrou uma das taxas mais baixas de participação em protestos. Apenas 4,7% dos brasileiros disseram haver participado de um protesto ou manifestação pública no ano anterior. Com essa porcentagem, o Brasil ficou na vigésima posição. Bolívia e Haiti lideraram a lista, com taxas acima de 16 e 18%.

O estudo teve como base a teoria de mobilização de recursos. Esta sustenta que a ocorrência de protestos depende tanto da existência de um problema ou de seu agravamento como do acesso dos contendores a recursos que permitam a difusão e o crescimento de um movimento voltado para manifestações. Textualmente, o estudo afirma que,

> além da presença de algum problema que motive os protestos, os manifestantes devem ter também as ferramentas necessárias para fomentar e consolidar seu movimento mediante sua difusão a atores adicionais. Esse enfoque dissipa a ideia de que os manifestantes são extremistas em busca de reformas drásticas e está respaldado por evidencia empírica substancial.

Entre as "sementes de descontentamento", o texto destaca o grau de satisfação com os serviços públicos – e o Brasil saiu-se muito mal se comparado com 22 outros países da região.

Mais precisamente, fica no 21º lugar (à frente apenas de Haiti e Trinidad e Tobago), embora revelando 42% de entrevistados satisfeitos, o que não chega a ser um número baixo. No topo da lista estão Equador, Panamá, Costa Rica e Nicarágua, com taxas perto de 60%. De qualquer forma, a posição relativa do Brasil nessa lista já indicava o tema como capaz de estimular protestos. Os resultados dizem respeito ao grau de satisfação com a qualidade de três serviços públicos: rodovias, escolas públicas e saúde. Não foi incluída a mobilidade urbana, que provavelmente agravaria a avaliação que os brasileiros têm dos serviços públicos.

Sem mostrar dados comparativos, o estudo aponta que em outra pesquisa, realizada em 2012, cerca de 65% dos brasileiros percebiam que o sistema político era corrupto, número avaliado como "não necessariamente alto para os padrões regionais, mas que merece maior atenção como determinante das participações em protestos no país".

Voltando às comparações internacionais envolvendo 26 países, o Brasil ficou em 23º lugar no quesito apoio ao sistema político nacional, mediante avaliação das instituições políticas locais. De novo o contraste entre maiores e menores taxas não é dos mais significativos. O Brasil aparece com 46,4% de apoio, e as maiores taxas estão um pouco acima de 60%. Citando outros autores, o estudo diz que "esse tipo de desencanto com o sistema político pode levar os indivíduos a adotar formas mais agressivas de participação política, num esforço para fazer que sua voz seja ouvida". E conclui: "Um baixo de nível de apoio pode ter criado um ambiente em que os protestos de massa poderiam ganhar força, como realmente aconteceu no Brasil".

Também cita, novamente sem mencionar outros países, que, em 2012, 35% dos entrevistados no Brasil acreditavam que os políticos estavam interessados no que as pessoas pensam. Como se trata de uma minoria mais clara, a falta de representatividade política, tão enfatizada no Brasil, transparece também nessa avaliação.

Em seguida, o texto volta à teoria da mobilização de recursos para assinalar que, em geral, os manifestantes são educados, interessados na política e têm acesso a recursos organizativos por meio de grupos tradicionais da sociedade civil – ou, mais recentemente, das redes sociais. O estudo sugere ainda que a menor pobreza e o acesso à educação aumentaram a probabilidade de maior acesso aos grupos que recrutam e organizam os protestos. Aponta também que a população que usa a internet no Brasil cresceu de 3%, em 2000, para 45%, em 2012. É um quadro coincidente com o perfil e com a mobilização dos manifestantes juninos.

Por fim, o texto apresenta um modelo que procura explicar os protestos recorrendo a uma técnica estatística na qual a variável explicada é a probabilidade menor ou maior de um fato ocorrer. Aí a análise toma a região como um todo e há poucas observações de participação em protestos nos dados de 2012 sobre o Brasil.

Conclui-se, na linha da teoria da mobilização de recursos, que a educação, a atividade comunitária e o interesse pela política têm impacto positivo na probabilidade de que alguém participe de um protesto. A presença de grupos predominantemente jovens, masculinos e da classe média aumenta a probabilidade de protesto. Também se destaca a importância do intercâmbio de informações por meio das redes sociais para mobilizar a participação, inclusive para explicar por que no Brasil as manifestações surgiram mais recentemente e não no passado. Também se confirma que a insatisfação com serviços públicos, como saúde e educação, aumenta a probabilidade de protestos. Contudo, não se conclui que a percepção de corrupção esteja correlacionada positivamente com essa probabilidade.

Atuando contra as manifestações há o maior nível de apoio ao sistema político, que tem mais importância que a insatisfação com os serviços públicos. Enquanto a crença de que o entendimento da pessoa sobre os problemas mais importantes do país tem impacto positivo sobre a probabilidade de protestar, a crença de que os políticos estão interessados no que as pessoas pensam diminui tal probabilidade.

CONSIDERAÇÕES FINAIS

Quando finalizei este artigo, em meados de setembro de 2013, os analistas pareciam mais preocupados em explicar por que as manifestações se diluíram do que em apontar as razões dos protestos. De fato, aquela é a questão mais relevante hoje. Reconheço que essa afirmação envolve um viés pessoal, no sentido de que fossem retomados. De qualquer forma, não identifiquei nenhum fator de ordem econômica responsável pela diluição dos protestos, pois as questões dessa natureza levantadas neste texto permanecem.

Parece-me que sobreveio um desalento ligado à violência que passou a marcar as manifestações. Quanto a isso, pesquisa do Datafolha, publicada em setembro de 2013, mostrou que a rejeição aos protestos subiu de 8% para 21% entre 13 de junho e 11 de setembro, embora 74% continuassem favoráveis a eles.[8] Na última data, 89% se manifestaram contra o uso de máscaras pelos manifestantes e 78% continuavam, como na primeira pesquisa, considerando os manifestantes mais violentos do que deveriam ser. Ou seja, a violência é abominada pela maioria, indicando que sua ocorrência inibiu um renovado engajamento nos protestos.

Do lado político, a presidente Dilma recuperou parte do seu prestígio nas pesquisas de opinião dos meses seguintes, voltando a cair em junho de 2014, o que pode ter resultado de uma reflexão maior dos entrevistados quanto à sua responsabilidade pelos problemas que levaram às manifestações. E, também, porque ela

8. "Pesquisa mostra que apoio às manifestações cai em São Paulo". *Folha de S.Paulo*, 15 set. 2013, p. A4.

insistiu em dizer que é favorável às manifestações e que a "voz das ruas" seria ouvida. Além disso, de novo passou a ocupar o noticiário de forma positiva com o programa Mais Médicos, voltado para ampliar a assistência médica à população mais carente.

Não digo assistência à saúde porque a eficácia da assistência médica permanecerá prejudicada. Aprendi com especialistas da área que ela deve ser o estágio final de um sistema no qual fosse precedida ou acompanhada de investimentos em saneamento básico e em educação, esta incluindo o que se refere a cuidados pessoais e à capacidade de ler receitas, embalagens de remédios e bulas. Porém, tais investimentos continuarão a ser negligenciados, pois o que predominantemente move o governo é o populismo eleitoreiro.

Como de hábito, Dilma revela seu empenho em dar ao eleitorado a sensação de atendimento, sem esclarecer que poderia não ter chegado à necessidade de mais médicos, ou de que a eficácia destes seria ampliada, se os cuidados mais elementares com a saúde fossem disponibilizados com mais investimentos. De novo a ênfase é no consumo, no caso, o de remédios. Quanto a investimentos, quem parece não ter remédio é o governo.

4. Os empresários e os movimentos de rua

Ney Figueiredo

Desde o início dos movimentos de rua, de 6 de junho de 2013 a fins de agosto do mesmo ano – ou seja, no período mais crítico –, não houve uma só declaração de um grande empresário ou entidade de classe patronal importante condenando, aprovando ou fazendo qualquer comentário sobre o que ocorria. É certo que um uns poucos intelectuais, que também atuam no campo dos negócios – principalmente na área financeira –, como André Lara Resende, pronunciaram-se por meio de densos artigos, infelizmente mais dirigidos à elite pensante do país.

É natural que isso tenha ocorrido, e por inúmeras razões. Naquele momento, os empresários estavam seriamente preocupados com o *stall* econômico que o país sofria: a inflação dava claros sinais de aceleração, a queda do PIB superava os prognósticos mais pessimistas, a cotação do dólar disparava, a balança comercial decepcionava, os problemas de infraestrutura agravavam-se, o ajuste fiscal era sempre adiado, o formidável arco de aliança política tecida habilmente pelo ex-presidente Lula dava claros sinais de esgotamento e o governo, com a credibilidade abalada, não sabia mais que botão apertar. O problema maior, então, era como manter os negócios funcionando razoavelmente.

Quando as passeatas começaram, não só os empresários, mas todos – inclusive os órgãos de informação do governo, a classe política e a própria imprensa – foram pegos de surpresa. Não havia indícios visíveis de que aquilo pudesse ocorrer.

Em momentos anteriores, como nas passeatas que antecederam a queda de Jango, as Diretas-Já e o *impeachment* de Collor, existia um objetivo catalisador das vontades populares. Todos abriram mão de suas diferentes pautas em favor de uma ideia comum. Havia um inimigo a ser derrotado. Em junho de 2013, não. Era impossível identificar uma pauta única, um núcleo organizador, embora o movimento tenha demonstrado incrível capacidade de mobilização.

Parece ter havido um acúmulo de frustrações que, de repente, provocou uma combustão espontânea, que se irradiou de forma impressionante por contágio, como aconteceu na França em 1968, um movimento sem causas claras nem objetivas. Sob o comando de Charles de Gaulle, herói da Segunda Guerra Mundial, o país se encontrava em condições políticas e econômicas relativamente favoráveis, com as instituições funcionando. Não se estava à beira do abismo.

O novo, desta vez, foi a internet, as redes sociais, nas quais os analistas mais atentos havia muito vinham observando um sentimento de frustração difusa, canalizando a revolta contra a ineficiência estatal e a corrupção generalizada retratada na sua forma mais cruel durante meses e meses na TV aberta durante o julgamento no STF do chamado mensalão.

As novas mídias, as redes sociais, mensagens rápidas e concisas por celular, as múltiplas e inovadoras formas de comunicação ao vivo, conectadas 24 horas por dia, provocam mudanças inesperadas, como a mobilização de jovens que derrubou Aznar na Espanha e levou Capriles a endurecer o jogo contra Maduro na Venezuela, quase passando por cima do mito Chaves. Ajudaram Obama a conquistar a Presidência dos Estados Unidos, em 2008. E foram fundamentais na Tunísia e no Egito para a derrubada de ditadores. Tudo indica que esse processo vai continuar existindo com cada vez mais intensidade, impactando as decisões políticas e econômicas. As manifestações populares, somadas ao baixo crescimento, mas especialmente à ausência de correspondência entre a carga tributária e os serviços públicos, já causaram modificações sensíveis na aprovação da presidente Dilma Rousseff e colocaram em xeque a sua (até então provável) reeleição, apontando uma modificação no quadro eleitoral.

A grande mídia, no início, também não entendeu bem o que estava ocorrendo. Arnaldo Jabor chegou a desculpar-se pela sua precipitação de chamar os participantes de simples baderneiros.

Embora não tenha havido manifestações públicas, em particular os empresários demonstraram-se preocupados, sobretudo com os atos de vandalismo praticados, estes sim, por grupos organizados – muitos deles identificados como *black blocs* pela polícia e por órgãos de informação. Os prejuízos materiais do comércio e do sistema bancário com as depredações foram grandes. Além, é claro, da inaceitável destruição do patrimônio público.

Sentiu-se uma mudança nas informações. Antes, os movimentos nasciam e morriam nas redes, se não fossem repercutidos pela mídia tradicional. Em junho de 2013, as redes sociais passaram a pautar a mídia.

Os departamentos de marketing e comunicação das empresas já haviam detectado uma nova relação com os consumidores, estudando possíveis tendências inovadoras de consumo. O ativismo digital passou a ser acompanhado mais de perto, reforçando a necessidade de mudanças na produção e nas estratégias de mídia das campanhas.

No caso das manifestações de rua, o grande problema é o *day after*. As mobilizações podem até derrubar um governo, mas não substituir as instituições. É impossível imaginar um sistema que funcione na base de sua própria contestação. Isso acaba em balbúrdia generalizada e pode desembocar em uma solução autoritária e demagógica. É o que preocupa os empresários de maior visão política – que, infelizmente, são poucos. Em meio ao caos, não há negócio que prospere.

OS ÚLTIMOS A CHEGAR

De qualquer forma, não se deveria esperar dos empresários nenhuma ação organizada, contra ou a favor do que estava ocorrendo. Desde a redemocratização do país, em 1985, eles sempre se posicionaram a favor de todo e qualquer governo. De maneira geral, foram os últimos a chegar aos movimentos de mudança, como ocorreu nas fases mais importantes da nossa história recente.

Para entender o presente e prospectar o futuro da ação empresarial é necessário debruçarmo-nos no passado.

Não existe uma interpretação sobre o empresariado brasileiro. Existem muitas. À medida que se avança na história, ela vai se metamorfoseando de acordo com diferentes visões de analistas e correntes ideológicas, ora envolta em dogmatismos teóricos, ora condicionada pela prática muitas vezes opaca, poucas vezes transparente. Como a própria burguesia nacional, as interpretações mudam de rosto e de essência.

Deixando de lado o que pode suscitar grandes questionamentos, a verdadeira feição do empresariado nacional parece situar-se entre duas teses: em sua face negativa está o empresário conservador, um reacionário mesmo, capaz de reagir à modernização política e de viver à sombra do Estado, beneficiando-se confortavelmente de isenções, reservas de mercado, subsídios, proteção alfandegária; enfim, de tudo que seja sinônimo do capitalismo sem risco. De outro, na face radiante, emerge a liderança potencial ou real do processo de desenvolvimento econômico, de inquestionável vocação liberal e progressista, que conduziu o país a graus de sofisticação tecnológica e de produtividade comparáveis, em alguns setores – como o aeronáutico – aos de países mais desenvolvidos. No passado podemos citar como representantes destes últimos Irineu Evangelista, o Barão de Mauá, e Roberto Simonsen. Nos tempos atuais, figuras de tal estatura rarearam, mas não se pode deixar de reconhecer a luta incruenta de gente como Antônio Ermírio de Moraes, que, até ser abatido por grave doença, era uma voz permanente em favor de um modelo industrial para o país e de um Estado menos intervencionista, além de envolver-se, com recursos próprios, em relevantes projetos sociais, sobretudo nas áreas de saúde e educação.

Moraes foi um dos poucos empresários a pronunciar-se contra os governos militares, opondo-se à política nuclear, argumentando que nossa riqueza era hídrica e não de urânio e que podíamos explorar o etanol. Mesmo naquele período amargo e autoritário, criticou o centralismo econômico governamental, expressando ceticismo quanto aos projetos estatais grandiosos e mantendo até o fim a crença de que o empresário atua melhor do que o burocrata de plantão.

Entidades empresariais outrora poderosas, como a Federação das Indústrias do Estado de São Paulo (Fiesp) e a Confederação Nacional da Indústria (CNI), foram relegadas à posição de meros coadjuvantes, ficando restringida sua atuação à área trabalhista e à gestão de recursos compulsórios para atividades sociais, educacionais, esportivas e de ensino profissional – papel que elas desempenham muito bem por meio do chamado Sistema S: Sesi, Senai, Sesc, Senac, Senat e Sebrae[1]. Isso quando não são transformadas em trampolim para projetos políticos pessoais.

É bom lembrar que, após a Constituição de 1988, surgiram inúmeras associações civis para representar setores empresariais, começando por segmentos pouco expressivos como reparação de veículos e atingindo a poderosa Associação Nacional dos Fabricantes de Veículos Automotores (Anfavea), que reúne fabricantes de automóveis, caminhões e tratores.

Não estão entre seus objetivos a participação na vida política nacional e elas já nascem mais dependentes do Estado do que

---

1. Siglas de, respectivamente, Serviço Social da Indústria, Serviço Nacional de Aprendizagem da Indústria, Serviço Social do Comércio, Serviço Nacional de Aprendizagem do Comércio, Serviço Nacional de Aprendizagem dos Transportes e Serviço Brasileiro de Apoio às Micro e Pequenas Empresas.

as antigas entidades sindicais criadas pela legislação trabalhista herdada de Getulio Vargas. Sua participação política resume-se a contribuições para eleger seus representantes no Legislativo e no Executivo. Daí a situação a que chegamos, de baixa representatividade, e a necessidade de iniciativas populares coroadas de êxito, como a chamada Lei da Ficha Limpa, que reuniu a assinatura de mais de um milhão e meio de cidadãos.

No governo do PT, essa dependência aumentou, pois um dos objetivos do partido era aparelhar a máquina estatal. Assim, além do comando dos principais ministérios e de estatais, existem milhares de cargos de assessoramento e de segundo escalão que não precisam ser ocupados por concurso público, pois são de livre escolha das autoridades de plantão. Trata-se dos famosos cargos em comissão. Representantes partidários do PT, que doam parte de seu salário para o fundo partidário, estão infiltrados em ministérios e órgãos importantes, exercendo profunda influência na economia e na vida das empresas e dos cidadãos. Como exemplo podemos citar a Polícia Federal, a Receita Federal, o Banco do Brasil, a Petrobras, o Banco Nacional de Desenvolvimento Econômico e Social (BNDES), a Caixa Econômica Federal, o Conselho Administrativo de Defesa Econômica (Cade) etc.

A criação do Conselho de Desenvolvimento Econômico e Social por Lula, logo no início de seu governo, em 2003, foi uma excelente estratégia política. Em vez de dialogar prioritariamente com Fiesp, CNI e outras entidades, como fizeram governantes do passado – que ele bem sabe não representarem mais o verdadeiro capital –, resolveu criar uma assembleia permanente não só com representantes dessas entidades patronais, mas convocando os próprios detentores do poder econômico e os empresários da sua intimidade. É certo que essa assembleia, até o momento, só serviu para ouvir os recados do poder central e defender reivindicações no vazio, pois o governo a vinha utilizando habilmente como massa de manobra, só para dizer que ela existe, e para coonestar decisões previamente tomadas.

É muito poder, que, usado em determinada direção, intimida o empresário cujo primeiro objetivo é fazer seu negócio dar lucro sem maiores conflitos.

Isso ocorreu desde a redemocratização do país, em 1985, mas em grau muito menor. Nenhum presidente nesse período – Sarney, Collor, Itamar e Fernando Henrique – teve tanto poder reunido como nos governos petistas, não só pelo aparelhamento da máquina estatal, mas em função do formidável arco de apoio político no Congresso Nacional, que resultou numa fantástica maioria parlamentar.

OS "CAMPEÕES NACIONAIS"

Até as passeatas de junho, a oposição no Brasil ficou praticamente reduzida à imprensa e às redes sociais. Ambas têm sido fundamentais para a manutenção do regime democrático, denunciando, de forma dura e consistente, as irregularidades e a corrupção desenfreada que se espalhou pelo sistema político e teve seu ponto de inflexão no julgamento do mensalão no STF. O mensalão, aliás, continha em si um projeto para tomar de assalto o Congresso Nacional, praticamente eliminando um dos poderes da República – não por meio da força, mas do uso de recursos públicos desviados pelas mais diferentes artimanhas. Um verdadeiro ataque frontal à democracia.

No campo empresarial, o governo fez de tudo. Criou os chamados "campeões nacionais", por meio dos quais poucas empresas privilegiadas foram aquinhoadas com benesses do Estado para se expandir não por seus méritos, mas por sua intimidade com o poder. Para esses poucos, dos quais Eike Batista é um exemplo emblemático, os cofres públicos estavam sempre abertos e eram generosos. Falcatruas bancárias foram relevadas e seus autores, perdoados. Assim, bancos com ativos podres foram passados para a frente, socializando-se o prejuízo com a sociedade.

A intervenção governamental nos negócios chegou a tal nível que, não fosse a gritaria geral da imprensa, que ganhou o apoio da sociedade organizada, ter-se-ia cometido um monumental assalto a uma empresa estrangeira que fizera um negócio completamente regular e dentro das regras legais e quase foi expropriada. Refiro-me à famosa disputa entre Abilio Diniz e Jean-Charles Naouri pelo controle do Pão de Açúcar. Para não cumprir o acordo a que tinha se obrigado anos antes, quando o Pão de Açúcar estava em situação financeira delicada, Diniz vendeu o controle ao grupo francês Casino. Quando se aproximava o momento de efetivar a passagem das ações, o empresário brasileiro engendrou, com o auxílio do BNDES, uma forma engenhosa de não cumprir o acordo, fazendo um meganegócio envolvendo a rede Carrefour, também francesa. Só que tudo isso foi negociado ao arrepio do sócio francês, que não aceitou ser vítima de um esbulho. Mesmo antes da inesperada declaração do BNDES de que participaria da escandalosa operação, Naouri já denunciara à imprensa internacional que Diniz tinha relações nebulosas com o Grupo Carrefour, chegando a manter diversos encontros em Paris à revelia do seu principal sócio e futuro controlador. Este, na ocasião, afirmou ser vítima de expropriação e esperar que o governo brasileiro não participasse de tal violência contra um grupo empresarial importante, que havia acreditado na seriedade do nosso país. Mesmo não tendo maiores ligações no Brasil e estribado somente em seu direito legítimo, Naouri, com o auxílio incondicional da imprensa brasileira, conseguiu derrotar Diniz e seu arco de apoio político. Ressalte-se que Diniz era um dos empresários mais chegados a Lula, um dos seus primeiros apoiadores e membro da Câmara de Políticas de Gestão, Desempenho e Competividade da Presidência da República (CGDC). Acrescente-se que, em meio a um grande tiroteio, nenhum empresário de grande porte, nenhuma entidade de classe patronal tomou a decisão de sair em defesa de Diniz.

A HORA E A VEZ DOS "SEM-EMPRESA"

Na verdade, desde a instalação da Nova República, cresceu muito a institucionalização do modelo tecnocrático de gestão, cujo maior exemplo é a expansão das prerrogativas legislativas do Executivo por meio de decretos-leis e medidas provisórias. Houve grande concentração de poder na alta máquina burocrática, que tomou dimensões insuportáveis com a conquista do poder pelos petistas. Concorreu para isso, na última década, o esvaziamento do Congresso, que abdicou de suas prerrogativas de Poder Legislativo, criando um vácuo que foi ocupado pelos outros dois poderes: Executivo e Judiciário.

É certo que no governo FHC houve a implantação de uma nova agenda política, caracterizada pela prioridade atribuída à estabilização e às reformas liberais, cujo auge se deu com o programa de privatizações. Com significativo apoio no Congresso, que chegou a 75% dos parlamentares durante seu primeiro mandato, grande coesão na equipe governamental e sem abandonar o reforço do modelo tecnocrático de gestão, foi possível desenvolver um novo regime de incentivos e regulações. O plano estratégico e a execução do programa de estabilização e demais políticas sempre foram inegociáveis, ficando a cargo do núcleo tecnocrático central e da equipe econômica desenvolvê-los, lançando mão à vontade das MPs. As negociações público-privadas escassearam, cabendo à arena do Congresso as demandas e os interesses dos diferentes grupos de pressão setoriais.

O tripé nacional desenvolvimentista engendrado no regime militar (empresas nacionais/multinacionais/Estado), que já havia sofrido forte golpe no governo Collor, foi finalmente desarticulado no governo FHC. E os empresários nacionais e suas entidades não foram ouvidos. Ou não souberam se fazer ouvir.

É que, ao contrário do que aconteceu nas primeiras décadas século XX, a partir dos anos 1990 houve uma queda acentuada do peso da indústria no conjunto da economia, em virtude da crescente participação dos setores agrícolas e de serviços. Os empresários industriais, outrora poderosos, cederam lugar ao sistema financeiro, aos fundos de pensão, às seguradoras e aos fundos de *private equity*.

Não existe mais a estrutura consolidada de interesses empresariais. Hoje, ao contrário, temos uma ação fragmentada de diversos segmentos, com características diversas e orientações muitas vezes conflitantes. Não contamos com o aparecimento de uma liderança empresarial de projeção nacional capaz de ocupar o papel de porta-voz da classe como um todo ou de verbalizar um consenso quanto a um novo modelo de desenvolvimento. Não se divisa em horizonte próximo uma ação concertada dos empresários direcionada para a proposição de pactos sociais, como aconteceu nos estertores do regime militar. Na época, o ainda candidato da oposição, Tancredo Neves, acolheu, em reunião na sede da Fiesp, em São Paulo, a ideia de um novo modelo de desenvolvimento, preconizando: a reforma do Estado; a libertação das amarras burocráticas que impediam o crescimento das empresas; a diminuição da absurda carga tributária; o abandono do modelo ultrapassado de crescimento sob a égide do Estado; e a compreensão do papel do empresário como agente de mudanças e gerador de riquezas e de melhora de vida para toda a sociedade.

Entidades que, tempos atrás, se haviam destacado na defesa de uma economia liberal e socialmente responsável, esvaziaram-se politicamente, sendo hoje lideradas por empresários sem expressão, os chamados "sem-empresa", profissionais do sindicalismo patronal que se perpetuam no cargo, não permitindo sua oxigenação pela troca de comando.

Como símbolo emblemático dos novos tempos, os empresários brasileiros Jorge Paulo Lemann, Beto Sucupira e Marcel Telles tornaram-se os maiores acionistas individuais do controle da indústria de bebidas InBev, tendo como principal executivo o também brasileiro Carlos Brito.

Em julho de 2008, a InBev tornou-se a maior cervejaria do mundo, comprando por US$ 52 bilhões a famosa Anheuser-Bush, fabricante da emblemática Budweiser – símbolo da supremacia americana nesse campo empresarial. Houve protestos generalizados pela ousadia do "imperialismo" brasileiro invadindo o "outrora" poderoso império americano.

O então candidato democrata à Presidência dos Estados Unidos, Barack Obama, indignado com o negócio, afirmou: "Acho que deveríamos ser capazes de encontrar uma empresa americana para comprar a Anheuser-Bush. Seria lamentável que a Bush passasse a ser propriedade de estrangeiros".

Em apenas quatro décadas, Jorge Paulo, Sicupira e Telles ergueram o maior império do capitalismo brasileiro e ganharam projeção sem precedentes no cenário mundial. No início da década de 2010, tornaram-se donos de outros dois ícones americanos: a rede mundial de lanchonetes Burger King, presente em mais de 80 países, e a empresa de alimentos Heinz.

Sobre eles escreveu o megainvestidor Warren Buffett: "Jorge Paulo e sua equipe estão entre os melhores homens de negócios do mundo. Lemann é uma figura fantástica e sua história deveria ser motivo de inspiração para todos os brasileiros, como é para mim". Sua filosofia empresarial é baseada na meritocracia, na simplicidade e na busca incessante da redução de custos, bem o contrário do que faz o nosso governo.

Mas a falta de lideranças que se vê no campo empresarial brasileiro não é um fenômeno isolado, nem só nacional. O próprio país não está satisfeito com suas lideranças e as contestações ocorrem em todas as áreas. Como apontou André Lara Rezende[2],

> as razões dessa insatisfação ainda não estão claras, mas é possível que o modelo de representação democrática, constituído há dois séculos para sociedades menores e mais homogêneas, tenha deixado de cumprir seu

2. Lara Resende, André. "O mal-estar contemporâneo". *Valor Econômico*, 5 jul. 2013.

> papel num mundo interligado de sete bilhões de pessoas, e precise ser revisto. O debate público deslocou-se das esferas tradicionais da política para a internet e as redes sociais. Ameaçada pelo crescimento da internet e habituada ao seu papel de agente da política tradicional, a mídia não percebeu que o debate havia se deslocado. No caso brasileiro, perplexa com sua aparente falta de repercussão e pressionada financeiramente pela competição da internet, uma parte da mídia desistiu do jornalismo de interesse público e passou a fazer um jornalismo de puro entretenimento.

Sem entidades organizadas e fortes, sem lideranças expressivas nem bandeiras por defender ou propostas de mudança de rumos, não havia como esperar nenhum posicionamento dos empresários. Eles também estão à espera de alguém que lhes aponte o caminho a seguir. Como transformar empresas incentivadoras do consumo desenfreado em agentes capazes de harmonizar defesa do meio ambiente, desenvolvimento, justiça social e qualidade de vida? Essa é a grande questão do nosso tempo.

5. A força das redes sociais

Marcelo S. Tognozzi

TODO NOVO ELEITOR É um eleitor ponto-com. Não há como ignorar essa realidade. A tendência é que o Brasil tenha praticamente 100% do eleitorado conectado e usufruindo das ferramentas digitais no dia a dia dentro uma década. Juntas, as gerações Y (a última a não usar o Google para fazer trabalhos escolares) e Z (aquela que já nasceu conectada) correspondem a mais de 40% do eleitorado brasileiro. Políticos da geração Y já disputam eleições e ocupam cargos de comando. Em agosto de 2013, dois meses depois das manifestações, de acordo com o Ibope, o país chegou aos 100 milhões de almas conectadas à rede mundial de computadores, seja por telefonia móvel, redes de fibra ótica ou pelo velho modem discado. Pesquisa da Serasa Experian de junho de 2013 revela um painel mostrando que 68% dos brasileiros conectados estavam no Facebook, 18% usavam o YouTube, 2% o Orkut e 1,6% o Twitter. Pelo menos 75 milhões de brasileiros usam redes e mídias sociais; muitos, duas ou três delas ao mesmo tempo. Ninguém conquistará o voto de um eleitor que tinha 14 anos em 2012 com santinho de papel ou por meio do programa eleitoral na TV.

Dados da Secretaria Nacional da Juventude[1] indicam que o Brasil tem 40 milhões de jovens entre 18 e 29 anos. A maioria deles está conectada e frequenta uma rede social, preferencialmente o Facebook e o YouTube. O comportamento dos usuários de

1. <http://www.correiobraziliense.com.br/app/noticia/eu-estudante/me_gerais/2013/08/12/me_gerais_interna,382014/a-primavera-jovem.shtml>. Acesso em: 4 ago. 2014.

redes sociais foi pesquisado pela agência paulista HelloResearch[2] em fevereiro de 2013. As conclusões apontam para a existência de quatro grandes grupos de usuários no Brasil, estando 55% dos frequentadores de redes sociais na região Sudeste, 20% no Nordeste, 7% no Norte e 6% no Centro-Oeste. O curioso é que, embora o número de pessoas plugadas no Centro-Oeste seja menor, ali está concentrado o maior número de *heavy-users*: 36% passam o dia conectados. No Nordeste, 35% das pessoas se conectam sete dias por semana.

Os quatro grandes grupos identificados pela HelloResearch têm uma característica em comum: 58% dos pesquisados apontam o conteúdo irrelevante como principal motivo para deixar de seguir uma marca ou uma pessoa nas redes sociais.

O primeiro grupo, chamado de "arroz de festa", corresponde a 30% dos frequentadores de redes sociais. Formado por homens e mulheres de todas as idades e classes, discute qualquer assunto: esportes, atualidades e... política. Os *heavy-users* são as estrelas do grupo. Compartilham mais *posts* de humor e falam mais sobre política, o que indica que nesse segmento se concentram os principais formadores de opinião ou influenciadores, cujo papel na mobilização digital é importantíssimo, como veremos mais adiante.

O segundo grupo é o dos "contras". Com quase o mesmo tamanho do "arroz de festa", agrupa 27% dos usuários, em maioria mulheres, com idade entre 31 e 50 anos e mais veem do que publicam. Adoram falar mal de tudo e de todos.

Um terceiro grupo reúne os "*hooligans*" e agrega 22% do público de redes sociais. Ele é composto na maioria por homens das classes B e C, entre 16 e 30 anos, que falam basicamente de sexo, futebol e humor. Odeiam política e adoram *posts* de humor. Não estão nas redes todos os dias, mas quando entram participam muito. O quarto e último grupo, as "maricotas", representa 21%, sendo formado por mulheres da classe C, entre 25 e 35 anos, que

2. <http://www.helloresearch.com.br>. Acesso em: 20 jul. 2014.

conversam sobre novelas e autoajuda. Participam ativamente, comentando do que gostam e do que não gostam.

Embora a maioria tenha respondido que detesta ou odeia política, na prática isso não ocorre. Pesquisa do Datafolha de 29 de junho de 2013[3] registrou que 81% dos brasileiros apoiavam os protestos contra o aumento das passagens e pela melhoria dos serviços públicos. Ou seja: as pessoas não se interessam pelo dia a dia da política partidária, mas quando o problema as atinge diretamente isso muda de figura. Outra pesquisa do Datafolha bem anterior, de junho de 2011[4], já sinalizava o que vinha por aí quando registrou que 71% dos jovens elegiam a internet como a melhor ferramenta de ação política.

Portanto, estamos no curso de um processo no qual as redes e as mídias sociais vêm se firmando como o ambiente mais propício para fazer política. Com base nos movimentos organizados em razão do ativismo digital nos últimos dez anos, é possível perceber que as redes sociais se tornaram os principais canais de corpo a corpo, de *one-to-one*, porque significaram uma grande mudança na forma de a sociedade fazer comunicação.

ATIVISMO DIGITAL X MILITÂNCIA

Nas redes e mídias sociais, a base é o compartilhamento, que também é entretenimento. E quem faz diferença é esse último, porque se aquilo que foi postado ou compartilhado não prender a atenção das pessoas, não entretê-las, o efeito é zero. Para garantir uma boa audiência, os conteúdos precisam ser trabalhados para que adquiram relevância e capilaridade. Ou seja: como a disputa por atenção é muito grande, apenas aquilo que tiver

3. <http://www1.folha.uol.com.br/cotidiano/2013/06/1303551-oito-em-cada-10-brasileiros-apoiam-manifestacoes.shtml>. Acesso em: 20 jul. 2014.

4. <http://www1.folha.uol.com.br/fsp/poder/po1306201111.htm>. Acesso em: 20 jul. 2014.

relevância e puder ser compartilhado será absorvido. Isso explica porque a maioria dos entrevistados pela HelloResearch aponta a irrelevância como principal motivo para deixar de seguir uma marca ou uma pessoa. E não podemos esquecer que políticos são pessoas e que partidos são marcas.

Com esse novo formato, o ativismo digital substituiu a antiga militância das ruas e criou um novo modelo de relacionamento, quebrando a lógica vertical do *broadcasting*, na qual poucos falam para muitos. Nas redes sociais, muitos falam para muitos ao mesmo tempo. Nas décadas de 1970 e 1980, um consultor de comunicação ficou famoso porque dizia que "você é a mensagem". Seu nome é Roger Ailes[5] e entre seus clientes famosos estão os ex-presidentes americanos Richard Nixon, na campanha de 1968, e Ronald Reagan, na de 1984.

Ailes ajudava políticos a ser percebidos da melhor forma possível pela grande mídia e pelo público geral. Para isso dar certo não bastava um bom discurso; eram necessárias uma boa postura corporal, a maneira correta de se vestir, a forma de olhar e de reagir. A combinação de todos esses elementos fazia que o candidato ou o político fosse avaliado de forma positiva, primeiro pela grande mídia e, em seguida, pelos eleitores.

Esses conceitos foram fundamentais há 30, 40 anos. Clientes de Ailes, como Reagan e Nixon, morreram sem conhecer as grandes transformações na comunicação e na forma de fazer política. E a maior delas, sem dúvida, foram as redes sociais, hoje o principal ambiente para a troca de opiniões, desejos, crenças, paquera, conhecimento, informação e, claro, para o corpo a corpo digital e o ativismo político. Nelas, as pessoas constroem seus personagens milimetricamente, de foto(s) a *posts*. Feios viram bonitos, covardes viram corajosos, brilhantes falsos e verdadeiros disputam o mesmo

5. Roger Eugene Ailes nasceu em Warren, Ohio, em 15 de maio de 1940. Presidente da Fox News Channel e da Fox Television Group, escreveu *You are the message: secrets of the master communicators* (Homewood: Dow Jones-Irwin, 1988).

espaço; as pessoas se reinventam. Você não é mais apenas a mensagem. Agora você produz e distribui a mensagem que é você.

As redes sociais e as mídias sociais[6], surgidas no início do século XXI, quebraram pela primeira vez o conceito tradicional de *broadcasting*, permitindo que as pessoas produzam conteúdos próprios (textos, fotos, vídeos ou o que mais a imaginação permitir) com a mesma qualidade, a mesma oportunidade de disseminação dos grandes conglomerados e com uma liberdade jamais experimentada. Com elas, as relações de consumo e de produção de conteúdo passaram a ser horizontais e não mais verticais – como aconteceu por cinco séculos, desde que Gutemberg inventou a imprensa. E não há qualquer exagero nisso. Basta dar uma olhada, por exemplo, no YouTube para entender. Ali, muitos falam para muitos e a audiência do que é considerado relevante bate fácil o milhão de acessos, como o vídeo "Dançando Robocop Gay pro Marco Feliciano" (uma provocação de passageiros que dividiram o mesmo voo com o polêmico deputado), que em um par de dias atingiu a marca de 1,3 milhão de visualizações sem aparecer nas grandes emissoras de TV. O vídeo do cantor coreano Psy, "Gangnam style" (com uma coreografia que virou moda), foi visto 5 milhões de vezes pelos brasileiros no primeiro semestre de 2013. Mas quem falou sério também conquistou audiência. No dia 21 de junho, Romário de Souza Faria, deputado e ex-craque da Seleção Brasileira, apoiou os protestos com um vídeo no YouTube visto 2 milhões de vezes em menos de 30 dias.

Um conteúdo produzido por alguém no Brasil pode ser consumido instantaneamente na Ásia ou na América Central, e vice-versa. A conectividade proporcionada pelas redes e mídias sociais dá às pessoas uma sensação de pertencimento, de aceitação, de inserção. Antes de as redes sociais se tornarem um canal

---

6. Expliquemos a diferença entre mídia social e rede social: a mídia social, como o YouTube ou os blogues, permite uma rápida disseminação de conteúdo com alguma interatividade, enquanto as redes sociais, como o Facebook ou o Google+, são sites de relacionamento, por meio dos quais as pessoas interagem com grupos de amigos ou seguidores.

de comunicação forte, a conectividade era feita por mensagens de celular – os SMS ou torpedos. A mobilização de diversos movimentos sociais se apoiou nessa ferramenta inventada em 1984 pelo francês Matti Makkonen. Reza a lenda que Makkonen inventou o SMS durante um bate-papo com amigos numa pizzaria em Copenhague. O primeiro SMS foi enviado em 1992 pela rede da Vodafone do Reino Unido e, em 2008, Makkonen recebeu da revista *The Economist*[7] o prêmio de inovação por sua invenção.

Dezenove anos depois, em 2003, surgiu a primeira grande rede social, o MySpace. Em seguida vieram o Orkut e o Facebook, em 2004, o YouTube, em 2005, e o Twitter, em 2006. Protestos organizados em rede começaram antes que as redes sociais surgissem, mas com elas ganharam força e personalidade própria, algo difícil de controlar, que vem transformando o mundo, como mostra esta rápida cronologia de manifestações populares e campanhas políticas neste início de século.

- **Filipinas, 2002** – Após cinco dias de protestos, que reuniram cerca de 900 mil jovens vestidos de preto conectados em rede usando celulares para trocar mensagens de texto e se organizar, o então presidente das Filipinas, Joseph Estrada, renunciou. Ele era acusado de corrupção e conseguiu escapar de um *impeachment* com a ajuda de aliados no Parlamento, mas não resistiu aos protestos da primeira grande manifestação de massa organizada por meios digitais. Ela inspiraria outras.[8]
- **Estados Unidos, 2003-2004** – O ex-governador de Vermont, Howard Dean, disputou com o senador John Kerry a indicação do Partido Democrata para concorrer à Presidência do país contra George W. Bush. Dean fez a primeira campanha política digital usando a internet para arrecadar fundos. A base

7. <http://www.economist.com/node/10676339>. Acesso em: 20 jul. 2014.

8. <http://www.movements.org/case-study/entry/people-power-ii-in-the-philippines>. Acesso em: 20 jul. 2014.

dessa campanha foi o compartilhamento, a troca. Dean perdeu a eleição, mas ganhou o direito de entrar para a história como o primeiro político a usar a internet de forma intensiva numa campanha política, cuja base de mobilizadores era formada por voluntários. Dean conseguiu arrecadar 15 milhões de dólares pela web. Uma proeza num tempo em que ainda não existiam Orkut, Facebook, Twitter e em que o MySpace acabara de nascer.

- **Espanha, 2004** – Após o atentado terrorista na estação de Atocha, que matou 191 pessoas e feriu 2 mil, os madrilenos realizaram um protesto silencioso contra o terrorismo unindo 2 milhões de pessoas no centro da capital espanhola. O protesto foi organizado por meio de troca de mensagens de texto pelo celular, os torpedos.
- **Ucrânia, 2004** – Em novembro, os ucranianos se mobilizaram para protestar contra as fraudes que deram a vitória ao candidato a presidente Viktor Yanukovych, que "derrotou" Viktor Yuschenko. O episódio ficou conhecido como Revolução Laranja, um grande protesto realizado após intensa mobilização online por intermédio da troca e do compartilhamento de e-mails e torpedos. Um estudo do professor Joshua Goldstein, do Berkman Center for Internet & Society, da Universidade Harvard, descreve bem como aconteceu a revolução digital que impediu a fraude eleitoral.[9]
- **França, 2005** – Uma série de protestos começou nos subúrbios de Paris envolvendo jovens descendentes de imigrantes africanos. As manifestações se tornaram cada vez mais violentas depois que dois jovens morreram em confronto com a polícia. Os tumultos se espalharam por diversas cidades e expuseram a situação de *apartheid* social. Aqui também e-mails, mensagens instantâneas (Messenger, por exemplo) e SMS tiveram papel fundamental na mobilização.

---

9. <http://cyber.law.harvard.edu/sites/cyber.law.harvard.edu/files/Goldstein_Ukraine_2007.pdf>. Acesso em: 20 jul. 2014.

- **Estados Unidos, 2008** – Obama venceu a eleição utilizando intensamente a internet, as redes sociais e o celular, numa estratégia em que o compartilhamento era a alma do negócio. Obama inspirou-se em Howard Dean para arrecadar doações e garantir apoio. Ele arrecadou 500 milhões de dólares pela web, mais de 30 vezes a arrecadação de Dean quatro anos antes.
- **Espanha, 2011** – Jovens se reuniram em protesto na Puerta del Sol, uma das principais praças de Madri, depois de uma intensa mobilização pelas redes sociais. O protesto foi o estopim para a derrota eleitoral do partido socialista do primeiro-ministro José Luis Rodríguez Zapatero nas eleições municipais.
- **Primavera Árabe, 2011** – O Oriente Médio conheceu a revolução da democracia digital, que derrubou governos totalitários e iniciou um processo de transformação da geopolítica da região. Foi algo tão significativo que recém-nascidos foram batizados com nomes de redes sociais, como a menina egípcia que o pai chamou de Facebook.[10] Nesse mesmo ano eclodiu o movimento Occupy Wall Street, que tomou o centro financeiro de Nova York com uma novidade: celulares e laptops transmitiram os protestos ao vivo e em vários idiomas para o resto do planeta. No Brasil, o grupo Mídia Ninja fez o mesmo nos protestos de junho de 2013.
- **Os indignados de 2012** – Dando continuidade aos protestos da Espanha em 2011, milhões de europeus protestaram em 2012 contra o arrocho financeiro. Mais uma vez as redes sociais foram o principal canal da mobilização e rapidamente as manifestações se espalharam por França, Alemanha, Estados Unidos, Rússia, Grécia e Inglaterra.
- **Protestos no Brasil em 2013** – Milhões de pessoas foram às ruas durante o mês de junho em protestos que começaram pedindo a redução do preço das passagens do transporte cole-

10. <http://exameinformatica.sapo.pt/noticias/mercados/2011-02-21-menina-batizada--de-facebook-no-egito>. Acesso em: 20 jul. 2014.

tivo e prosseguiram reclamando mais investimentos em saúde e educação, menos corrupção e mais eficiência dos serviços públicos. De acordo com os principais institutos de pesquisa, as manifestações foram apoiadas por mais de 80% da população.

Os protestos de junho de 2013 no Brasil não foram os primeiros organizados pelas redes sociais. Isso já acontecera no movimento pela aprovação da Lei da Ficha Limpa, em 2009-2010, nas Marchas Contra a Corrupção, em 2011 e 2012, e em outras manifestações regionais, como "Desocupa Salvador", contra o prefeito da capital baiana, João Henrique, e "Niterói não tem prefeito", contra o prefeito dessa cidade, Jorge Roberto Silveira. As duas últimas foram organizadas pelo Facebook, no início de 2012, ano das eleições municipais, e mobilizaram milhares de ativistas digitais.

POLÍTICOS 1.0

Esses movimentos são como ondas. Vão e vêm, mas estão sempre latentes (em quatro anos, Ficha Limpa, Marcha Contra a Corrupção e os protestos de junho falaram de corrupção). Primeiro, porque as pessoas não discutem apenas um assunto nas redes e mídias sociais. Elas são bombardeadas o tempo todo por um incontável número de informações oferecidas por caminhos o mais variados. Mas isso não quer dizer que assuntos envolvendo política, principalmente aqueles que mexem com o dia a dia das pessoas, fiquem na geladeira. O exemplo dos protestos de junho mostra bem como isso ocorre, porque as redes sociais funcionam 24 horas por dia e o ativismo digital não dorme. O estopim foi o reajuste das passagens de ônibus, medida que interfere diretamente na rotina da maioria dos 40 milhões de eleitores entre 18 e 29 anos. Mais da metade, 53% para ser exato, trabalham e usam o transporte diariamente. Esse assunto faz parte do cotidiano da massa jovem espalhada pelo Brasil afora. Prova disso é que, no mesmo momento da eclosão da primeira manifestação em São Paulo, em 6 de junho, protesto semelhante ocorria em Goiânia, a mil quilômetros de distância. A partir daí uma onda de protestos se espalhou pelas capitais e pelo interior, num efeito viral jamais visto, que pode se repetir no futuro com maior intensidade.

Os protestos de junho de 2013 deixaram os políticos e seus partidos fora da festa, porque ficou evidente sua total desconexão com as ruas – sejam elas ruas reais ou virtuais. A grande maioria dos políticos não entende, não gosta e não quer saber de redes sociais, mídias sociais, ferramentas digitais ou até mesmo de um simples e-mail. São seres 1.0, como define Marcelo Minutti[11], consultor e professor de redes sociais e comportamento digital. Ficou claro que a classe política brasileira, ao negar a importância dos meios digitais, perdeu a sensibilidade para entender que algo havia mudado. Em junho de 2013, os políticos envelheceram cem anos da noite para o dia porque foram pegos de surpresa e não souberam lidar com o novo.

A desconectividade e a dificuldade de lidar com as novas tecnologias não acontecem apenas no Brasil. Essa situação foi registrada pela primeira vez no livro *Congress online*, do professor Dennis W. Johnson, da Universidade George Washington. Ao apresentar os resultados de sua pesquisa sobre como os parlamentares dos Estados Unidos interagiam com as ferramentas digitais, Johnson revelou que até os atentados de 11 de setembro de 2001 a maioria absoluta dos 535 parlamentares do Capitólio não usava sequer e-mail. O correio eletrônico foi adotado depois que alguns colegas receberam correspondência com antrax, uma bactéria letal. O medo mudou o hábito.

Será que o medo de perder votos também provocará mudanças no comportamento dos políticos brasileiros? Eles já perceberam que precisam mudar, mas não sabem como fazer, não entendem a linguagem. Minutti está certo quando define a maioria dos po-

11. Entrevista concedida ao autor em 26 jul. 2013.

líticos como 1.0, porque boa parte dos "moderninhos" costuma praticar uma comunicação de mão única, sem troca ou interatividade com o eleitor, conforme pesquisa "Político 2.0" da empresa Medialogue, de São Paulo, realizada em 2011.[12] A diferença entre o político 1.0 e o 2.0 é que o segundo tem grande capacidade de lidar com críticas, disponibilidade para conversar com as pessoas e entender que relação digital é uma via de mão dupla. O 1.0 faz comunicação vertical, quer ser ouvido, mas não ouve. É preciso interagir de verdade com as pessoas. O fato de um político ter muitos seguidores não quer dizer que ele possua essas qualidades, porque é provável que esteja pregando para convertidos. Como não sai daquela sala virtual fechada, tem a falsa impressão de que está tudo bem, daí o susto com os protestos de junho.

Na desconectividade, o exemplo vem de cima. Dilma Rousseff, por exemplo, desconectou-se do Twitter logo depois de eleita presidente, em dezembro de 2010. A presidente nunca teve apreço por redes sociais, mídias sociais e ferramentas digitais em geral. Um milhão de brasileiros a seguiam no microblogue e hoje poderiam ter-se convertido num patrimônio de 10 ou 15 milhões de multiplicadores. Se Dilma tivesse entendido seguidores como patrimônio, certamente sua vida seria mais fácil. Marina Silva, por exemplo, passou de 500 mil para 750 mil seguidores no Twitter sem fazer campanha nem ocupar cargo público – e, às voltas com a criação do seu próprio partido, se instalou na segunda colocação nas pesquisas de intenção de voto para presidente. Depois das manifestações, Dilma voltou a ativar seu Twitter.

Podemos dizer que existiram dois governos Dilma. Um durou até o dia 6 de junho de 2013. O segundo começou no dia seguinte. O mais incrível nisso tudo é que a maioria dos políticos brasileiros foi incapaz de enxergar o que acontecia, pelo simples motivo de não acreditar que algo chamado Facebook pudesse balançar o país da

---

12. <http://www.medialogue.com.br/wp-content/uploads/downloads/2012/07/Politico-2.0_medialogue-infograficos-final.pdf>. Acesso em: 27 jul. 2014.

noite para o dia. A grande maioria enxerga as redes sociais como algo lúdico, um *game*, coisa de adolescente. É como se ainda não tivesse caído a ficha de que todo novo eleitor é um eleitor ponto-com. Quem ainda não tem computador, *tablet* ou *smartphone* está querendo ter. Isso será resolvido em pouco tempo com a queda cada vez maior nos preços e/ou aumento exponencial do número de pessoas conectadas. O governante que não souber o que eles estão dizendo, compartilhando e curtindo corre o risco de perder o poder. O viés apartidário dos protestos, a rejeição aos partidos políticos, o surgimento dos *black blocs* – tudo isso vem das redes, do compartilhamento, do engajamento, sendo por eles alimentado.

MOBILIZAÇÃO DIGITAL

Tenho visto inúmeras teorias sobre os protestos de junho, muitas tentando explicar o que para muitos parece inexplicável. Mas o fato é que a grande força das redes sociais no Brasil dos protestos está no fato de ter colocado em marcha uma reforma política que não passa pelo Congresso nem pela ação dos representantes, mas pela vontade do cidadão que deseja transparência na política e na gestão pública. Deseja – em suma – que o país funcione de fato. É como se os eleitores estivessem dizendo: "Vocês não nos representam e não precisamos de vocês para mudar o Brasil". Querem o político 2.0, que interage, ouve, responde, compartilha e age com transparência prestando conta dos seus atos, dos seus gastos. Vão elegê-lo e usar as redes sociais para interagir com ele.

A reforma política em curso pelas redes sociais é a reforma de muitos para muitos, cuja primeira grande onda veio com a Lei da Ficha Limpa. Pesquisa CNI-Ibope divulgada em fins de julho de 2013[13] mostrou que apenas 9% dos entrevistados participaram

13. <http://pt.slideshare.net/NucleoMultimidiaEstado/pesquisa-cni-ibope-julho-13>. Acesso em: 28. jul. 2014.

das manifestações, mas 89% são a favor delas. Mesmo não indo para as ruas, as pessoas produziram, compartilharam e distribuíram conteúdos sintonizados com a pauta das manifestações, como mais investimentos em saúde, contra a corrupção, mais segurança e maior controle da inflação. E, cada vez mais, votarão naqueles que estejam sintonizados com suas demandas e souberem se comunicar na sua linguagem.

Os fenômenos de mobilização digital não têm um líder nem são verticais, mas horizontais, sendo as lideranças exercidas pelos que tecnicamente chamamos de ativadores. Nos protestos de junho, existiram vários desses ativadores. No ranking do YouTube, por exemplo, em primeiro lugar está Felipe Neto[14], com um vídeo assistido 3,6 milhões de vezes (https://www.youtube.com/watch?v=v9rgOwH99nc). O vídeo de Carla Dauden[15] chegou perto: 3,5 milhões de visualizações. Pelo menos uma dezena de vídeos no YouTube aparecem com 1 milhão ou mais visualizações. Ou seja: muita gente sendo vista por muita gente ao mesmo tempo. Todos produzindo e distribuindo conteúdo próprio. Como eles, existiram centenas ou milhares, cada um em uma zona de influência distinta; uns com mais audiência nos grandes centros, outros no interior, alguns em uma tribo ou em uma comunidade. Todos cidadãos que têm audiência e redes à sua volta e começaram a mobilizar as pessoas antes de as manifestações acontecerem.

Assim também se desenvolveram a ativação e o engajamento, acirrando o senso de patriotismo, o mau humor com o transporte

14. Felipe Neto, carioca de 25 anos, tem um dos vlogues mais acessados do You Tube. Ator desde a adolescência, seus vídeos criticam o comportamento de artistas e das pessoas em geral. No vídeo (http://www.youtube.com/user/felipeneto), postado no dia 18 de junho de 2013, Felipe fala da importância das manifestações e afirma que a população acordou e se libertou do controle da mídia e do governo. É independente politicamente.

15. Carla Toledo Dauden, paulistana de 22 anos, mora e estuda em Los Angeles (EUA). É cineasta, não participa de movimentos políticos nem é ativista de causas. Em seu vídeo (<http://www.youtube.com/watch?v=ZApBgNQgKPU>, acesso em 27 jul. 2014), postado em 17 de junho de 2013, ela critica o investimento para a Copa do Mundo em detrimento de melhorias na saúde e educação.

coletivo, a raiva da corrupção e o desconforto com o mau funcionamento dos serviços públicos num país que conheceu o padrão Fifa nos estádios. Na sequência, veio o efeito viral, epidêmico, e o contágio se espalhou. Nenhuma grande emissora de TV ou empresa de *broadcasting* fez campanha. O trabalho coube às lideranças apolíticas plugadas nas redes e às mídias sociais, produzindo vídeos, imagens, textos, conteúdos que adquiriram relevância por entreter.

Marshall McLuhan (1911-1980), um dos grandes pensadores do século XX, enxergou longe quando criou a teoria da aldeia global. Ele foi capaz de entender a conectividade e suas consequências muito antes da internet e do boom tecnológico dos anos 1990. Em 1969, após protestos e transformações que sacudiram o mundo um ano antes, ele disse:

> A política oferece as respostas de ontem para os problemas de hoje. Começa a germinar uma nova forma de "política" e, de certa maneira, nós ainda não percebemos. A sala de estar se transformou em cabine eleitoral. A participação, por intermédio da televisão, em Marchas da Liberdade, guerra, revoluções, poluição e outros acontecimentos está mudando tudo. [...] O susto da percepção! Num meio ambiente de informação elétrica, as minorias não mais podem ser contidas – ignoradas. Nosso novo ambiente compele à participação e ao engajamento. Hoje em dia estamos irrevogavelmente envolvidos com, e responsáveis por cada um dos outros.[16]

Relendo o texto escrito há mais de quatro décadas, temos a impressão de que o mestre via o futuro numa tela de cristal líquido, tal a nitidez. Um futuro que virou presente no século XXI, quando a força das redes e mídias sociais se espalhou pelos quatro cantos do planeta nestes novos tempos de protestos, mudanças e transformações.

---

16 McLuhan, Marshall; Fiore, Quentin. *O meio são as mensagens*. Rio de Janeiro: Record, 1969, p. 50-52.

6. Entre o local e o global

Bernardo Sorj

FENÔMENOS GLOCAIS

Os acontecimentos de junho de 2013 no Brasil se deram simultaneamente com fenômenos semelhantes que ocorreram no Chile, na Turquia, em Israel, nos Estados Unidos, no Oriente Médio e na Europa. É razoável supor que possuam similitudes, espelharam-se e tiveram influência entre si, mas um tratamento detalhado de cada um deles fugiria aos limites deste artigo. Vamos nos concentrar, portanto, em alguns temas comuns, como o papel da internet, o perfil social e as demandas dos manifestantes, que permitem apresentar comparações entre os acontecimentos no Brasil e no resto do mundo.

Os fenômenos glocais, isto é, fenômenos sociais que fundem realidades locais e globais, não são novos. A Revolução Francesa, por exemplo, exerceu um efeito de demonstração nos mais variados lugares do planeta, assim como ela mesma foi produto de influências que vinham de toda a Europa. O mesmo aconteceu, mais tarde, com a Revolução Russa. A diferença entre as duas foi a rapidez da propagação das causas que apregoavam. Entre o final do século XVIII e o início do século XX, avançaram os processos de integração da economia mundial, os sistemas de comunicação e a intensidade da circulação de elites. Certamente, no mundo atual, de comunicação instantânea, é de esperar que os fenômenos locais tenham influência quase imediata em outras latitudes.

Mudou somente a rapidez da propagação? Penso que não. As estruturas sociais se transformaram pelo mundo, e continuam se transformando, no sentido de uma maior homogeneidade. A integração do conjunto da população mundial na economia capitalista produziu processos de uniformização social e cultural que assemelham cada vez mais as diversas sociedades nacionais e os desafios que elas enfrentam. Inversamente, quanto mais retrocedemos no tempo, maior se mostra o papel das elites locais como transmissores dos ares do mundo, e maiores eram as especificidades sociais e culturais de cada nação. Hoje, o conjunto das populações, em maior ou menor medida, tem contato com o "mundo exterior", tendendo a convergir os problemas vividos pelas diversas sociedades.

Essa constatação não nos autoriza, contudo, a generalizações indevidas, esquecendo as particularidades das situações nacionais. As diversas sociedades nacionais são mais ou menos afetadas pelos exemplos de outras praias e as explosões sociais adquirem, em cada país, características específicas.

O PAPEL DA INTERNET

Algumas análises dos acontecimentos de 2013 enfatizam a importância do papel da internet em certos casos, a ponto de explicá-los como um subproduto dela. Não se trata de desconhecer o óbvio: os novos sistemas de comunicação são mais rápidos e eficientes que o texto mimeografado utilizado pelos estudantes nos anos 1960, que o folheto tipografado pelos revolucionários dos séculos passados ou que o rumor, a pichação de paredes ou os textos manuscritos pregados em praças públicas antes da invenção da imprensa. Sem dúvida, as características específicas de cada tecnologia de comunicação influenciam os processos sociais, e os novos meios de comunicação disseminam a informação em tempo real e de forma viral. Sobretudo, permitem a transmissão de mensagens de forma descentralizada. Esse fato foi bem analisado no capítulo anterior. Porém, os motivos que levam as pessoas às ruas para exprimir insatisfação e anseios de mudança devem ser procurados nos contextos sociais e institucionais, não nas tecnologias.

Certamente a característica da internet de permitir a mais ampla comunicação horizontal, prescindindo de organizações centralizadas, foi um fator central em todas as manifestações recentes nos mais diversos países. Mas o elemento decisivo é o contexto institucional. Os novos sistemas de comunicação são relevantes em regimes autoritários que censuram e reprimem a manifestação pública de opiniões e as atividades de núcleos organizados. Em contextos democráticos, a internet também vê seu papel crescer, pois as organizações aptas a realizar grandes mobilizações populares, como sindicatos e partidos políticos, se mostram incapazes de expressar a insatisfação popular. Ou seja, os novos meios de comunicação têm sua importância potencializada pelo declínio das instituições que, anteriormente, sem necessidade do telefone celular ou da internet, eram capazes de levar milhares às ruas. No Brasil, em particular, a incapacidade ou falta de vontade dos partidos políticos, sindicatos e grêmios estudantis de mobilizar a população no espaço público chegou, nos últimos anos, a um extremo que dificilmente poderia ser encontrado em outros países democráticos.

INTERNET E SOCIEDADE

Vivemos em tempos sociais em que as *vozes* estão dissociadas das instituições. Igualmente, as *manifestações* estão dissociadas das *organizações*. As pessoas que se manifestaram no Brasil o fizeram independentemente de qualquer chamado de organizações formais, seja da sociedade civil, do sistema político ou do governo. Essa foi a grande novidade em relação a outros momentos similares de grandes mobilizações de rua da história brasileira.

A confluência entre os novos meios de comunicação e o quadro institucional, no Brasil e em outros países democráticos, apresenta outra afinidade eletiva: as mensagens curtas dos MSN e das redes sociais são as mais adequadas para criar sinergia entre indivíduos que não têm nem estão à procura de grandes marcos ideológicos.

As formas virtuais de ativismo individual em rede representam um ponto de ruptura na forma de expressar as demandas dos cidadãos. Diante do declínio das organizações representativas, centralizadas e burocratizadas (em particular, partidos e sindicatos) passou a prevalecer no espaço público virtual a expressão individual, "anárquica". Mas essa passagem não é produto das novas tecnologias, ainda que elas sejam um veículo extremamente eficaz para disseminar as novas formas de sociabilidade. Ela é resultado das transformações sociais e culturais das últimas décadas, que levaram à fragmentação social e a uma cultura política libertária, igualitária e individualizante. As novas formas de sociabilidade e de cultura política geraram uma crise de legitimidade dos partidos políticos como veículo de expressão dos anseios e mal-estares da população. Mas, até o momento, não produziram novas instituições políticas, seja de agregação de interesses, seja de elaboração de propostas ou de programas de governo.

O novo espaço público virtual funciona de forma viral através de mensagens curtas, aglutinando indivíduos em torno de um mínimo denominador comum, em geral algo a que se é contra. Assim, predominam na internet a denúncia e o mal-estar de indivíduos que se sentem impotentes em relação aos poderes estabelecidos. Em outras palavras, as novas formas virtuais de comunicação, embora tenham papel importante como expressão de demandas dos indivíduos, também podem reforçar uma cultura de vitimização social que dificulta a passagem do papel de vítima ao papel de agente social, responsável pelos destinos da sociedade, e o desenvolvimento de propostas que considerem a distribuição de custos e obrigações a todos os cidadãos.

A INTERNET NÃO SUBSTITUI A RUA

Em grande medida, o espaço público virtual funciona efetivamente mais como foro catártico do que como espaço deliberativo. Da atitude de clicar ou transmitir uma mensagem a formas de ação coletiva com impacto social, a distância é grande. Certamente a internet pode ser utilizada para mudar opiniões e realizar campanhas virtuais. Porém, dois milhões de assinaturas virtuais, no melhor dos casos, viram notícia de jornal, ao passo que dois milhões de pessoas nas ruas podem derrubar governos. A ação política, aquela com consequências decisivas sobre os rumos da história, continua sendo presencial e não virtual. Ela é decisiva quando toma as ruas e não quando reúne pessoas à frente de uma tela de computador, ainda que sejam milhares clicando solitariamente.

As manifestações recentes no Brasil e em boa parte do mundo não foram articuladas por organizações centrais e aconteceram de forma repentina e inesperada. Por quê? O acúmulo de mensagens individuais "catárticas" produz bolhas difíceis de dimensionar, e não sabemos se e quando vão estourar. A passagem da circulação de mensagens quase solipsistas ao apoio a uma ação coletiva que se dá fora do mundo virtual parece estar sempre associada a um evento que deflagra a conexão entre o mundo virtual e o mundo real. Muitas vezes é a repressão a pequenas manifestações que leva as pessoas às ruas; outras, um exemplo individual ou de um pequeno grupo, que passa a catalisar o mal-estar coletivo.

Para uma geração acostumada a viver no espaço virtual, a grande descoberta foi a rua, não a internet. Mais ainda no Brasil, onde toda uma geração tinha perdido qualquer contato com grandes manifestações coletivas. Os jovens de hoje descobriram o happening político, o sentimento prazeroso de ser parte de uma ação coletiva que produz o sentimento de influenciar a vida real, o que decerto o mundo virtual não oferece. Os mais velhos deveriam lembrar-se disto: o que leva ao engajamento em movimentos coletivos não são interesses objetivos (ainda que eles possam estar presentes nos processos de identificação com a causa defendida), mas o sentimento positivo de "ser parte", de vocalizar mal-estares e desejos de justiça. Se uma diferença existe com outros tempos, é que as ideologias políticas não estavam presentes. Se para alguns se trata de um déficit, para outros há o benefício de que as manifestações não correm o risco de servir a ideologias totalitárias.

O QUE SE REIVINDICAVA?

Se houve uma diferença a distinguir de forma clara o que aconteceu no Brasil de ocorrências similares em outros países foi a inexistência de um fator unificador, de um "tema" claramente definido que impulsionasse a população a sair às ruas. Como mostra o site Causa Brasil (www.causabrasil.com.br), que analisa os temas que predominam nas redes sociais, os assuntos que circulavam no período das manifestações eram extremamente variados e sua importância relativa foi mudando dia a dia.

O denominador comum presente em todas as manifestações foi a afirmação de um nacionalismo cívico. Os manifestantes, em suas diferenças, se sentiam parte de um movimento cívico, impulsionado pela vontade de viver num país com menos corrupção e impunidade, independentemente do partido que esteja no governo. Não foi casual que tenham sido a bandeira do Brasil e o Hino Nacional os símbolos preferidos pelos manifestantes.

Dos jovens manifestantes, ouvi inúmeras vezes: "Pela primeira vez me sinto brasileiro"; "Agora sinto que tenho uma pátria". Ainda que possa ser taxado de moralizante, não podemos esquecer que o sentimento nacional e a cidadania democrática têm como fundamento a disposição de defender uma ideia de nação e de bem comum – e era isso que os manifestantes estavam expressando.

O nacionalismo brasileiro, o orgulho nacional, nas últimas duas décadas, se concentrou em geral em símbolos e temas relacionados à sociedade, como os esportes e as artes (embora estivesse presente, quase sempre de forma subliminar, no tema das privatizações), enquanto as instituições políticas produziam sentimentos negativos. Esse abismo foi encurtado, e até certo ponto atravessado, pelos manifestantes, que exigiam instituições públicas e um sistema político com os quais pudessem se identificar.

Grande parte dos manifestantes não era pró-governo nem pró-oposição. O que eles queriam era um país melhor. A esse sentimento associava-se uma profunda desconfiança do sistema político e dos políticos associados, temas que também estavam presentes nas manifestações em outros países democráticos.

Exigir dos manifestantes que tenham uma pauta clara e, por não tê-la, desqualificá-los como românticos, bobocas ou incapazes de entender que não existe vida social sem instituições, como fizeram alguns analistas, é não compreender que eles não poderiam ser diferentes; são assim por causa do problema principal que os levou às ruas: a crise de instituições capacitadas para elaborar agendas de governo. E tais instituições são, em primeiro lugar, os partidos políticos, mas também sindicatos e organizações formais da sociedade civil.

As manifestações foram políticas no sentido mais fundamental: expressaram uma vontade cívica que permeia, por certo de forma desigual, todos os setores da população. O extraordinário do acontecido é que, apesar de atos de vandalismo, as manifestações não foram vistas como expressão de uma minoria de ativistas radicais diante de uma maioria silenciosa conservadora e avessa a eles. Ao contrário, apesar da insegurança gerada, boa parte da maioria silenciosa se identificou com os manifestantes. O que não significa que não devamos ficar atentos aos desdobramentos. Como lembra Rosanvallon[1], a contrademocracia – que ele próprio valoriza e descreve como mecanismos com-

---

1. Rosanvallon, Pierre. *La contre-démocratie – La politique à l'âge de la défiance*. Paris: Seuil, 2006.

plementares aos eleitorais, de crítica e de denúncia a partir de uma desconfiança salutar aos políticos e às instituições –, pode escorregar para um distanciamento do sistema político, produzindo o "impolítico", a estigmatização do sistema representativo e, finalmente, o "populismo destrutivo".

QUEM?

Possivelmente, uma análise comparada com as manifestações acontecidas em outros países constatará que a maioria dos participantes é composta por jovens de classe média. Na América Latina, por várias décadas, as classes médias foram deixadas de lado pelos cientistas sociais. A preferência pelas classes populares levou-os a esquecer que os setores médios são atores centrais da história contemporânea, inclusive na sua participação na organização de movimentos sociais e partidos políticos identificados com os trabalhadores ou com setores marginalizados.

Mais recentemente, as classes médias, produto da mobilidade social que acompanhou o crescimento econômico na última década, passaram a ser amplamente festejadas pelos meios de comunicação e economistas oficiais. Elas são produto de um incremento da renda e do acesso a novos bens de consumo. Por outro lado, amplos setores dessa mesma classe moram em residências que não têm serviço de esgoto ou de recolhimento de lixo, e todos eles enfrentam os custos mensais de manutenção de telefone celular, internet, carro e o pagamento de juros das mais variadas prestações. Quando possível, tentam fugir do sistema público de saúde e educação básica, considerados de baixa qualidade, o que pressiona ainda mais o orçamento familiar. Tudo isso compromete a renda.

Esses novos setores, que não recebem o benefício de políticas de distribuição de renda, passaram a integrar as expectativas da sociedade de consumo, o que se traduziu num endividamento crescente, facilitado pela disseminação do sistema de crédito. Além disso, arcam com pesada carga de tributos sem se sentir beneficiados pelo gasto público.

Ainda assim, não era claro como esse novo setor se expressaria politicamente, porque parecia se tratar de um grupo apático e descrente da política. Tal atitude era explicada pelos analistas por uma variedade de razões. Para alguns, tratava-se de um grupo que ascendeu recentemente e, portanto, estava satisfeito com sua situação. Para outros, entre os quais eu me incluía, tratava-se de um setor socialmente fragmentado, preocupado com estratégias individuais de sobrevivência, nas quais o sentimento de não ter *voice* (voz) levava a estratégias de *exit* (saída), na expressão clássica de Albert Hirschman.[2]

O diagnóstico, que parecia se confirmar com os pais, se mostrou errado em relação aos filhos. Tudo indica que a maioria dos manifestantes no Brasil é formada por universitários – mas não organizados pelo movimento estudantil. Dado o crescimento da população estudantil nas últimas décadas, boa parte dos manifestantes pertence a famílias de classe média que ascenderam há pouco. Com a disponibilidade e com a força de corações e mentes certamente ingênuas e ainda não domesticadas por responsabilidades familiares e/ou laborais, os jovens saíram às ruas para expressar o sufoco em que vivem com a família, aglutinados pelo problema que é comum a todos eles: a baixa qualidade dos serviços públicos. Baixa qualidade que eles, assim como grande parte dos cidadãos, creditam à corrupção dos políticos.

Com os jovens também se mobilizaram pessoas de todas as idades, dos mais variados setores sociais, com motivações e orientações políticas das mais diversas. Certamente, para alguns, os temas mais próximos eram a baixa qualidade dos serviços de transporte e de saúde pública que utilizam, enquanto, para

2. Hirschman, Albert. *Exit, voice, and loyalty: responses to decline in firms, organizations, and States*. Harvard: Harvard University Press, 1970.

outros, de origem social mais acomodada, o mal-estar se concentrava na corrupção e na impunidade dos políticos.

OLHANDO PARA O FUTURO

Alguns comentaristas procuraram relacionar o acontecido no Brasil e em outros lugares a uma crise de modelo civilizatório, à impossibilidade de manter uma cultura consumista que alimenta uma insatisfação impossível de ser saciada, além de destruir o ambiente. Esse diagnóstico pode ser verdadeiro como "pano de fundo último" do mal-estar que atravessa as sociedades capitalistas contemporâneas. Porém, como explicação é insuficiente para compreender os motivos e as demandas pelos quais os manifestantes foram às ruas em cada contexto concreto: menos desigualdade, nos Estados Unidos; por emprego e contra os despejos, na Espanha; pelo ensino gratuito, no Chile; contra a corrupção, no Brasil; contra a investida islamizante do governo, na Turquia; por justiça social, em Israel; ou pela derrubada de regimes autoritários, no Oriente Médio.

Dadas as diferenças de contexto e motivação, as consequências das manifestações no Brasil e no mundo não são facilmente comparáveis, em especial quando nos encontramos no interior de um ciclo que não acabou. Não resta dúvida de que, no caso brasileiro, os protestos tiveram o papel extremamente positivo de sacudir o sistema político e colocar em xeque práticas consolidadas que deformam e desmoralizam a democracia. Isso implica riscos. O principal – pois, ao que parece, no Brasil o movimento não foi cooptado por forças extremistas – é que alimente uma cultura da vitimização, para a qual a comunicação pela internet parece ser bem propícia. O sentimento de vítima é legítimo, mas só é produtivo num primeiro momento; em seguida, deve-se passar a um sentimento de responsabilização e ao entendimento de que um país melhor exige que todos os cidadãos, inclusive aqueles que se sentem vítimas, assumam o papel ativo de mudar uma cultura política que permeie, de uma forma ou de outra, as atitudes cotidianas de todos os cidadãos. A mudança social começa quando compreendemos que os "culpáveis" nunca são totalmente os "outros", pois cada um, em escala diferente, até no momento do voto, reproduz a cultura política brasileira que deseja mudar.

O fato de que o mundo de hoje percorre caminhos que não se encaixam na tradição de pensamento político não significa que esses caminhos devam ser descaracterizados, desvalorizados e descartados. O que se viu no Brasil, no Chile, nos Estados Unidos ou na Espanha não é o antipolítico ou o anti-institucional, mas a inoperância das formas tradicionais de representação política em sociedades cada vez mais individualizadas – nas quais as instituições clássicas, como os sindicatos, os partidos políticos e até as ONGs, se mostram cada vez mais incompetentes para aglutinar as demandas dos cidadãos e dar vazão a elas.

Os críticos das mobilizações, que veem na internet um demiurgo, capaz de mobilizar jovens a esmo e levar à anarquia pela ausência de propostas e pela desmoralização de todas as instituições, não compreendem que elas se nutrem de – e expressam – uma crise institucional, sendo necessárias para gerar mudanças.

Por sua vez, os apologistas das manifestações cometem o erro inverso: pensar que a resposta se encontra na tecnologia. A única experiência importante de um partido político organizado por meio internet, o Movimento 5 Estrelas de Beppe Grillo, na Itália, mostrou sérios limites. A incapacidade de passar da participação individual à representação, isto é, a inexistência de mecanismos que permitam condensar a diversidade de posições individuais em propostas de governo, que exige a elaboração de programas complexos sobre o que fazer e como delegar responsabilidades, levou o Movimento 5 Estrelas a um discurso puramente negativo, à paralisia política e à concentração do poder no líder. Sem dúvida virão novas experiências, mas, até aqui, a única relevante exige uma atitude mais cautelosa.

Como cientistas sociais incapazes de predizer, resta-nos interpretar os acontecimentos. Primeiro procurando entender os processos emergentes para depois contribuir, na medida do possível, na construção de pontes que associem as novas tendências àquilo que deva ser preservado ou reconstruído, como é caso dos partidos políticos e, em geral, das instituições que asseguram o funcionamento do regime democrático, de acordo com nossas preferências normativas.

7. A multidão poderosa virou plebe ignara e tudo ficou como dantes na República de Abrantes

José Nêumanne Pinto

NÃO FALTARAM RAZÕES – ao contrário, até sobraram – para as multidões sem partidos nem bandeiras invadirem as ruas das cidades brasileiras para reclamar das mazelas de uma máquina pública que custa o sacrifício da cidadania em impostos escorchantes e presta serviços indigentes. Tudo começou com um mal-entendido provocado pela crônica incompetência, pela distância abissal da cúpula dirigente em relação à massa e pela absoluta e absurda falta de sensibilidade política e, sobretudo, humana. Para definir neste capítulo a reação dos poderes constituídos da República aos protestos, convém partir de uma rápida digressão desses motivos.

O DESPERTAR DO MONSTRO

O estopim da bomba tinha que ver com uma das mais evidentes carências nas grandes cidades nacionais – a questão da mobilidade urbana. É absurdo o tempo gasto no deslocamento em condições de insalubridade e desconforto totais pelo trabalhador brasileiro para ir trabalhar e voltar para casa nas metrópoles nacionais. Em 2013, a rotina de pasmaceira que permitia aos gestores públicos estaduais e municipais tratar o problema com desdém e ainda promover reajustes anuais das tarifas cobradas pelo serviço de transporte público foi quebrada por uma lambança do governo federal. Empenhada em empurrar o problema da inflação com a barriga, a presidente Dilma Rousseff pediu encarecidamente a governadores e prefeitos, amigos ou adversários, que adiassem os reajustes para o meio do ano. Eles o fizeram e deu no que deu: a mudança do calendário despertou o monstro da opinião pública, que deu o ar de sua graça.

Contando com a velocidade, nunca antes empregada para esse fim, das redes sociais nos computadores, o Movimento Passe Livre (MPL) empunhou a bandeira absurda da tarifa zero (como se houvesse almoço grátis) e convocou a multidão para protestar contra o reajuste. O ambiente propício de insatisfação generalizada anabolizou o protesto monotemático e a reação atabalhoada de governantes que, desacostumados com movimentos a céu aberto, terminaram por incentivar e multiplicar os protestos. Sem ter ideia da dimensão da explosão social, nem saber como debelar o que lhe parecia uma sucessão de focos de incêndio, a elite civil política, no exercício de mandatos que antes lhe pareciam apenas possibilidades honoríficas de amealhar fortunas em comissões de obras públicas, meteu os pés pelas mãos e jogou gasolina nas fogueiras de rua imaginando assim poder apagá-las. Quanta estupidez! Contando com a assessoria tida como genial do ex-presidente Luiz Inácio Lula da Silva, os gestores municipais e estaduais, entre os quais alguns adversários do PT, tentaram acalmar as massas adiando os reajustes anunciados para as calendas gregas.

TODOS CONTRA TUDO

Assim como o adiamento dos reajustes nunca poderia ser a solução definitiva para o risco inflacionário, seu cancelamento não aquietou as massas como imaginavam que aconteceria os alienados dirigentes políticos municipais, estaduais e federais. A concessão apenas acicatou o monstro acordado. Já que estava nas ruas mesmo e tinha conseguido amenizar a fúria truculenta do aparelho policial, a opinião pública resolveu pôr para fora todas as queixas que sempre teve dos métodos nefastos adotados pela representação política e pela gestão pública. A batalha contra o custo exagerado do transporte mal gerido se transformou, então, numa guerra de frentes generalizadas. Virou um combate sem quartel de todos contra tudo.

Até junho de 2013, o Brasil vivia uma esquizofrenia muito esquisita. Quanto mais o Estado retribuía a generosidade dos contribuintes em recordes mensalmente superados de arrecadação do Fisco, mais os responsáveis por essa perversidade eram aprovados, reeleitos, aclamados e prestigiados por suas vítimas. Era uma relação masoquista de amor incondicional por todos os agentes que lhes causavam toda a sua dor. Aí, de repente, numa reação instintiva – mas ainda inconsciente – a essa incongruência, as multidões ocuparam as ruas para expressar sua insatisfação difusa, mas ruidosa, com os motivos óbvios de suas queixas: a péssima gestão pública, em geral. Foi contra ela que genericamente se reuniram, gritaram, empunharam faixas e enfrentaram a polícia os manifestantes de junho. Por todos os bons motivos. As mães sem creches para seus bebês, os pais sem boas escolas públicas para seus filhos, os trabalhadores com os salários corroídos pelas ratazanas inflacionárias, os pobres assaltados nas ruas pelos bandidos e tratados pela polícia como se fossem seus assaltantes, os doentes nas filas intermináveis para as consultas médicas, os pacientes na espera interminável dos corredores de prontos-socorros por uma mera maca – todos se deram as mãos ao identificar o inimigo comum.

Os alvos de seu ódio eram a corrupção que consumia a maior parte do dinheiro arrecadado dos impostos, deixando-os sem segurança, educação, saúde, sem nada. E eles gritaram. O que os impedia antes de gritar, há de se perguntar? A covardia conjunta, a passividade congênita, os séculos de dominação política, as esmolas dadas com o próprio dinheiro por demagogos sem-vergonha ou a ignorância de quem sofre, mas é incapaz de reconhecer o causador de sua desgraça? Não dá para saber. Talvez nunca dê. Talvez a resposta seja uma, nenhuma delas ou todas. Acrescentadas à ocasião. Enfim, com a ligeireza do computador se tornou possível contornar uma barreira irremediável: as muralhas ideológicas e partidárias que só permitem enxergar o erro na seara do adversário. Ou ainda a contumácia da cegueira coletiva do rebanho que caminha rumo ao abismo por estar habituado a seguir seu pastor.

A IGNORÂNCIA DA INEXPERIÊNCIA

A primeira reação dos alvos das manifestações foi de estupefação. No caso da presidente Dilma Rousseff, a perplexidade pode ser explicada tanto pela incompetência absurda de seu serviço de inteligência, que ela viria depois a expor publicamente no ridículo episódio da indignação contra a "espionagem" americana, quanto pela ignorância da inexperiência. A presidente, que foi eleita de saída sem nunca ter sido sequer síndica de prédio, teve na própria biografia uma explicação até razoável para seu mutismo quando soube da presença das multidões nas ruas e da evolução das manifestações.

Seu "espírito santo de orelha", *padim* Lula de Garanhuns, também não foi um conselheiro de muita utilidade ao deixar escapar duas linhas de explicação sobre o inesperado. A primeira delas, adotada com sofreguidão por alguns acólitos antes que percebessem a oportunidade de fazer do limão dos protestos a limonada da demagogia, foi a de que se tratava de uma manifestação da direita que sempre hostilizou a governança petista e foi para a rua lamentar os privilégios perdidos. O velho preconceito às avessas dos populistas contra a classe média inspirou a patacoada. A segunda, embora não mais sensata, foi, pelo menos, mais esperta: o povo reclamou nas ruas porque sua vida melhorou e ele quer mais. Esta, pelo menos, tem como pressuposto uma observação inteligente de como as multidões se comportam. De fato, à medida que conquistam algumas coisas, logo passam a exigir mais.

Como dizia minha avó, lá no sertão do Rio do Peixe, se você der a mão, lá vêm eles puxando seu braço. Filha de coronel da Guarda Nacional dos tempos de antanho, ela antecipou a constatação dos neocoronelistas pentelhos em tempo de monstro da opinião pública despertando e rugindo na rua.

O MARKETING DO "QUEREM MAIS"

Quando sentiu a força existente na explicação do "querem mais", a equipe de marqueteiros da República petista alinhavou um discurso que a presidente poderia chamar de seu. E, apesar do atraso, ela recorreu ao velho truque de seu antecessor, patrono, padrinho e paraninfo Luiz Inácio Lula da Silva: convocou rede de televisão e partiu para a caradura explícita, técnica aprendida do velho inimigo que virou parceiro, Paulo Maluf, o filhote da ditadura militar que ela combateu de armas na mão.

No horário nobre, exibindo seu velho estilo "balança, mas não cai", adotado nos carnavais de Recife pelos bonecos de Olinda, a chefe do governo, demonstrando insegurança e falta de convicção, leu um texto preparado pelo mago do marketing político, o baiano João Santana, o Patinhas do grupo Bendegó de música popular. No palanque eletrônico, embora sem o talento de comunicador do ex-chefe, agora no papel de Richelieu, por sobra de esperteza e falta de conhecimento para ser Maquiavel, ela mostrou que se dispunha a aceitar como definitivo o velho mote popular do "me engana que eu gosto".

Dilma, que seria candidata à reeleição um ano e meio depois, respondeu aos recados que clamavam contra um dos maiores males da República por ela comandada, a corrupção, prometeu mandar para o Congresso uma lei que passasse a considerar a malversação dos recursos públicos "crime hediondo". A promessa era de uma pseudoingenuidade e de uma hipocrisia capazes de fazer corar frade de pedra. Pois quem a fez já tinha readmitido na esplanada de seu Ministério antigos colaboradores defenestrados de seus gabinetes por denúncias de "malfeitorias" explícitas. Seu ministro do Trabalho, Carlos Lupi, por exemplo, substituído por um dissidente do Partido Democrático Trabalhista (PDT), Brizola Neto, descendente direto do fundador da sigla, voltaria a pontificar na pasta com seus homens de confiança, que, como manda a lógica, logo passaram a ser investigados pela Polícia Federal pelos mesmos delitos denunciados anteriormente. Tudo isso para manter a sigla no palanque de outubro de 2014. O cinismo retórico é de tal dimensão que o ministro nomeado pelo presidente pedetista, Manoel Dias, prometeu fazer um "pente-fino" nas acusações contra seus auxiliares num "mutirão", em tudo por tudo lembrando a palavra "faxina" usada pela "gerentona" em 2012.

Outros detalhes passaram despercebidos na proposta de Sua Excelência. O primeiro de todos é que o maior rigor da lei não depende do texto proposto pelo Poder Executivo, que a criaria, mas do Legislativo, que a debateria e aprovaria, ou não. Começou, com isso, uma guerra suja entre o governo que propunha e o Congresso que fatalmente seria acusado de recusar sua proposta. No período de Termidor (período da Revolução Francesa em que rolaram na guilhotina as cabeças de radicais como Robespierre), em que a fúria das ruas desaguaria, como, de hábito, ocorre em todo lugar e em quaisquer períodos da história da humanidade, tudo que parecia sólido se desmancharia em troca de farpas e outros hábitos deletérios da política cortesã brasileira.

VOTO SE GANHA COM SALIVA

Além disso, a classificação de sequestro como "crime hediondo" não impediu que a modalidade criminosa continuasse prosperando no Brasil de Dilma e nos estados governados por opositores, como o tucano Geraldo Alckmin, em São Paulo, e aliados, como Sérgio Cabral, no Rio. É evidente que não se combate um delito com saliva. Isso, na verdade, nunca importou nem a Dilma nem aos parlamentares que a apoiam ou se opõem a seu governo. Afinal de contas, é com saliva que se ganha voto. Sempre foi.

A questão da corrupção, contudo, não proporcionou ao governo contestado nas ruas seu momento máximo de prestidigitação. O *leitmotiv* inicial dos protestos – as tarifas dos transportes públicos – motivou mais um lance da demagogia marqueteira palaciana com o anúncio de miragens para resolver o que passou a ser chamado de "mobilidade urbana", expressão que substituiu outra, mais plebeia e menos charmosa, a do "transporte coletivo de massa". Os grandes protestos começaram reclamando do aumento da tarifa dos ônibus metropolitanos, outro produto da malandragem federal ajudada pelos lances de oportunismo rastaquera praticado por petistas, aliados e oposicionistas, tucanos ou não, no âmbito das grandes cidades e dos estados. Pressionada pela possibilidade de uma explosão inflacionária no começo do ano, Dilma pediu a governadores e prefeitos que adiassem os anúncios de reajustes de tarifas de transportes. Foi mais uma manifestação de amadorismo de gestão a dar com os burros n'água. Os dados da realidade são simples e cruéis: o transporte público urbano brasileiro é ruim, muito ruim, trágico para seus usuários e paradisíaco para as gestões públicas e seus associados empresários concessionários. Mas "nunca antes na história deste país", como diria Lula, ninguém havia reclamado dessa associação perversa entre Estado e capitalismo selvagem na fixação de tarifas pagas pelos pobres para ajudar a sustentar empresas habituadas a agir em cartéis, denominação benevolente para suas práticas mafiosas. O calendário era favorável e a efeméride dissolvia na indiferença geral reajustes aparentemente modestos que resultavam em obrigações escorchantes para os passageiros de ônibus em péssimo estado de conservação, que oferecem à clientela desconforto e risco. Benesses concedidas em férias, os decretos fixando novos preços se dissolviam na desmobilização das férias de início do ano e passavam batidos. Se Dilma foi incauta, os gestores estaduais e municipais misturaram indiferença, insensibilidade e ânimo bajulatório ao aceitar a proposta da gestora-mor de empurrar o aumento inevitável para o meio do ano, evitando assim o desconforto da inflação naquele momento. Governadores e prefeitos – como o oposicionista Alckmin, do maior estado da Federação, e o petista Haddad, do município mais rico e populoso – não resistiram à oportunidade de prestar um servicinho à guardiã dos cofres da poupança nacional e acompanhá-la no salto ao abismo da popularidade descendente. Foi um deus nos acuda.

A GARGALHADA DE TALLEYRAND NA TUMBA

Grupelhos radicais, agitando bandeiras irrealistas de "tarifa zero", assomaram à cena e, mobilizando as massas em redes sociais, ganharam a imerecida fama de condutores do processo de queixas mais espetacular da história do Brasil. O Movimento Passe Livre teve seus dias de fama no junho em que o gigante do Hino Nacional teria despertado de seu berço esplêndido. Seus líderes saíram do merecido anonimato para uma fama breve e condizente com os tempos de celebridades febris, céleres e fugazes da era da informação e da tecnologia. A fama dessa gente despreparada teve seu momento de glória quando os líderes juvenis deram ao patriarca de São Bernardo a oportunidade de procurar Dilma e Haddad para aconselhar o óbvio: que cancelassem imediatamente o aumento. Prefeitos e governadores, entre os quais Alckmin, atenderam à profecia do profeta de Vila Euclides. E Charles Maurice de Talleyrand-Périgord, o original, não só se mexeu: também gargalhou na tumba.

Governadores e prefeitos, sob o olhar divertido de Lula – que, como sempre, nada sabia, nada via e nada ouvia –, deram duas contribuições para que o movimento contra tarifas virasse um espetacular protesto nacional generalizado contra as piores mazelas do Estado brasileiro: a corrupção, a inflação e a péssima gestão pública, principalmente no que concerne a setores prioritários – saúde, educação e segurança pública. Primeiro, mandaram a polícia despreparada açular as multidões com *spray* de pimenta, bombas de efeito moral e balaços de borracha. Foi o que bastou para voltarem aos meios de comunicação as imagens da luta dos estudantes e, depois, dos operários e da classe média contra a ditadura militar nos anos 1960 e 1970. Passeata dos 100 mil. Comícios pelas Diretas-Já. Jornais e revistas, emissoras de rádio e televisão, redes sociais e mídia ninja passaram a brilhar chamando mais gente para a rua.

Depois, os gestores da má gestão pública aceitaram, praticamente sem condições, atender às reivindicações da garotada frenética do MPL, provocando aquela sensação de vitória que só poderia dar em mais engajamento em hordas e a euforia que torna a covardia coragem com a adesão entusiástica das multidões. Mais gente passou a enfrentar mais policiais despreparados, destreinados e sem comando, e os encarregados dos negócios públicos mandavam bater quando era para negociar e tentavam negociar quando tinham de reprimir.

Em 24 de junho, a presidente recebeu as lideranças do MPL e as projetou no palco do debate político nacional. Marcelo Hotimsky, um dos líderes do MLP recebidos por ela, considerou a "Presidência completamente despreparada para o debate". Disse o rapaz: "Eles não mostraram nenhuma pauta completa para modificar a situação do transporte no país, que é de fato muito precária. Eles mostraram uma incapacidade muito grande de entender a pauta do momento, falaram que vão estudar e abriram este canal de diálogo que a gente considera importante, sim". Foi um diagnóstico irreverente e certeiro.

Mas, ancorada na malandragem explícita do marketing político do Palácio, dona Dilma tinha mais cartas na manga da blusa. A mais inteligente e mais cínica de todas foi a cartada genial com que ela vendeu para a multidão enfurecida a solução mágica para o problema insolúvel da indigente saúde pública nacional. Filas de um ano e meio para consultas urgentes, pacientes morrendo nas portas de hospitais, ambulâncias paradas por falta de macas, usadas em corredores para a paciente à espera da morte, falta de gaze, de médicos, de enfermeiros, de tudo. Tudo parecia o fim para quem desconhecia o alcance da ignorância e da falta de escrúpulos de um governo que, constituído para acabar com tudo que está aí, nunca moveu uma pedra para fazê-lo. A solução mirabolante para o problema insolúvel - o tal programa Mais Médicos - nasceu de uma observação canalha do inferno dantesco vigente. Tudo parece muito simples, mas, na verdade, exige observação, insensibilidade e uma dose cavalar de crueldade. Quem leva um ano e meio para receber um cliente? A presidente? O senador? O deputado federal? O deputado estadual? O vereador? O ministro da Saúde? O secretário? O governador? O prefeito? Nada disso! O médico. Eureca, bingo, PT saudações. Nunca ninguém tinha partido de algo tão brutal e tão óbvio ao mesmo tempo. E a estratégia do governo de Dilma apontou o dedo para os médicos sem nunca tê-lo desviado para ninguém mais. Embora isso tenha sido feito com avanços e recuos, ideias luminosas e erros espetaculares, que uma operação de marketing dessas proporções poderia propiciar.

DIRETO DE CUBA PARA AS BRENHAS

Os médicos brasileiros não querem ir para o sertão nem para a periferia das metrópoles. Dizem que é uma questão de amor à própria vida, mas, na verdade, é *zelitismo*. Vamos, então, desenterrar uma velha iniciativa não levada à prática pelo governo anterior: trazer médicos de Cuba para os brasileiros pobres consultarem. Lula havia tentado, mas não teve clima para trazer profissionais da cura tratando-os como escravos em território nacional, remunerando, a peso de ouro, seus capitães de mato, os tiranetes da família Castro. O ministro Alexandre Padilha, candidato do PT ao governo de São Paulo, única joia que ainda faltava em sua coroa, recheou a empada com o acréscimo de pessoas de jaleco importadas da crise europeia, principalmente Portugal e Espanha. Não caiu bem. Logo vieram os idiotas da objetividade lembrar que a medicina cubana é indigente e que a princesa Isabel havia abolido a escravidão em território brasileiro. Mas, mesmo vaiada no Estádio Mané Garrincha, na abertura da Copa das Confederações, Dilma é craque de bola e driblou os opositores. Fingiu que iria pela direita, voltou para a esquerda e arrematou: gol de Padilha, gol de Dilma, gol de Fidel e Raúl. O único empecilho de monta para a entrada dos caribenhos em nossas brenhas foi resolvido com uma canetada: os paramédicos fantasiados não precisaram mais se submeter ao exame de revalidação de seus diplomas, o Revalida.

Tudo foi pensado para punir os médicos tupiniquins: aumentar o curso de Medicina em dois anos e forçá-los a trabalhar sob remuneração vil por conta do falido Sistema Único de Saúde (SUS) foi a pérola que brilhou na ostra. O governo recuou e os médicos nacionais, incentivados por seus conselhos corporativistas, foram receber os escravos de jaleco vindos de Cuba com xingamentos no aeroporto. Racistas. Elitistas. Interesseiros. E a classe médica entrou no exército de "porcos" da oposição. Enquanto isso, o doutor Padilha, um ilustre zé-ninguém, ganhou manchetes diárias e tornou viável o sonho de Lulinha de fazê-lo pretendente a ocupar o bastião que ainda se mantinha em poder dos inimigos de voo curto e bico comprido no Palácio dos Bandeirantes. Em marketing, Lula, dez; tucanos, zero.

PROMETIDA A REFORMA QUE NINGUÉM PEDIU

O marqueteiro-mor João Santana também não deixa a chefe decepcionar o padrinho. Nunca, em nenhuma manifestação de rua, o povo pediu reforma política. Mas a "presidenta" insistiu tanto que o povo a queria que conseguiu, mesmo despencando nas pesquisas de opinião pública, aprovação da multidão para a ideia genérica fazendo praça de um projeto preparado para manter o PT no poder pela eternidade dos séculos, amém, modificando a legislação eleitoral para beneficiá-lo. De um texto alinhavado pelo deputado Henrique Fontana (PT-PE) foram copiadas as premissas básicas: financiamento público de campanha para o cidadão-contribuinte financiar palanques e programas milionários em rádio e TV dos governistas; voto em lista para preencher as bancadas majoritárias com pessoas de confiança dos comandantes do partido; e mais o brilhareco falso de miçangas sem valor: extinção do voto secreto nos parlamentos e das suplências sem votos no Senado Federal. Isso sem contar, é claro, outras medidas a ser acrescentadas ao longo do tempo, como sói acontecer com as árvores de Natal das Medidas Provisórias (MPs) que entram em votação.

Não se pense, contudo, que, enquanto Dilma evoluía na avenida, os macacos velhos do Congresso ficavam esperando ver a banda dela passar. O presidente do Senado, Renan Calheiros (PMDB-AL), prometeu uma "agenda positiva", que resultou no atendimento direto a uma das reivindicações da rua, a extinção do Projeto de Emenda Constitucional (PEC) 37, que, em teoria, e só em teoria, tirava poder do amado Ministério Público em benefício da odiada polícia. Outras lanas-caprinas foram apresentadas para tirar o povaréu da rua: engessamento do orçamento para dar mais recursos (mas não necessariamente gestão mais eficiente) à saúde e à educação e distribuição igualitária dos *royalties* do pré-sal, que nem sequer foi tirado da terra. Enquanto isso, ninguém lamentou o feito mais espetacular dos governos Lula e Dilma: a decadência semifalimentar da Petrobras, aquela que foi criada sob o lema otimista do "petróleo é nosso".

No meio do lufa-lufa da disputa entre Congresso e Dilma para concluir quem, afinal, mais engana o povo e mais amado por isso é, foram registradas duas das mais óbvias evidências de que a vaga de indignação popular de todos contra tudo havia escoado pelos esgotos povoados pelos ratos mais oportunistas e covardes da história do Brasil. Em votação secreta, é claro, a Câmara dos Deputados, sob protesto (não diga!) de seu presidente, Henrique Eduardo Alves (PMDB-RN), fundou uma sucursal no presídio da Papuda e criou a ocupação esdrúxula de parlamentar-presidiário, mantendo em plenário o mandato do coleguinha Natan Donadon (ex-PMDB-RO). E, depois, Senado e Câmara se puseram em combate para ver que projeto se candidataria ao lugar inédito de lei criada para não valer neste país em que há leis que vingam e outras, não. Os deputados aprovaram a votação secreta universal em todos os parlamentos, simplesmente impossível de acontecer. E os senadores contrapõem projeto de autoria deles que limita a proibição de sigilo às votações exclusivas para cassação de mandatos de congressistas. Ah, sim!

Tudo isso é óbvio. Mas só em setembro ficou claro que as multidões, que foram unívocas para reclamar, não tinham soluções unânimes para os problemas que afligiam a todos. Em junho, com o povo na rua, Dilma viu sua popularidade despencar 24 pontos ladeira abaixo em um mês, 30 ao todo desde o recorde de novembro de 2012. Os 30 pontos para os quais caiu eram um pouco mais do que os 28 de Lula em plena efervescência da denúncia do escândalo do mensalão pelo ex-aliado Roberto Jefferson, presidente nacional do PTB. Mas João Santana previu que fatos novos (o ex-prefeito do Rio César Maia os chamaria mais adequadamente de "factoides") recuperariam lenta mas consistentemente a popularidade e também a preferência no voto para a reeleição. Em setembro, os índices voltaram a subir. Apenas sete pontos, mas o suficiente para ela recuperar a condição de favorita à reeleição em outubro de 2014.

No sábado, 7 de setembro, veio a prova do começo da temporada que os marxistas de antanho chamariam de Termidor: as multidões não encheram as arquibancadas das paradas comemorativas com protestos nas ruas, que passaram a ser ocupadas pelos sindicalistas empenhados em conseguir mais privilégios e rendas e, sobretudo, pela canalha miúda dos anarquistas sem bandeira, os *black blocs*, os *anonymous* etc. Subprodutos indesejáveis das belas manifestações de cara limpa, os usuários de máscara para esconder o rosto mobilizaram oportunistas festivos de vários naipes e encurralaram os gestores públicos em sua costumeira posição dividida entre a covardia da inércia e a demagogia da disputa do voto. O inefável baiano Caetano enrolou uma camiseta na cara para simbolizar a absurda posição política correta de gente que, como o personagem de Gerson na propaganda do cigarro Vila Rica, pregou: "É preciso levar vantagem em tudo". E produziu o símbolo da contradição: como se manifestar pelo voto aberto e contra a queda da máscara dos vândalos baderneiros.

BEIJOS NA BARRA DA TOGA

E a contradição ganhou foros de jurisprudência na incoerência de um ministro nomeado por Dilma para o Supremo Tribunal Federal numa sessão do histórico julgamento do mensalão, no qual o Judiciário fingiu que, pela primeira vez, optaria pela justiça para todos desistindo do denominador comum da lerdeza para amparar quem beije a barra da toga. Ao tomar posse no órgão máximo do poder que julga, o advogado carioca Luís Roberto Barroso bajulou a multidão poderosa, ao definir "como algo positivo [...] essa manifestação pacífica, energia criativa e construtiva que está vindo das ruas, da sociedade brasileira, [que] certamente fará muito bem a esta população". E, depois, ao ser convocado a manter decisão de colegiado do qual não fazia parte, que negou aos réus do governo petista o direito de não ser igual ao cidadão comum, fez-se de desentendido e fustigou a plebe ignara: "Não julgamos para a multidão, julgamos pessoas".

Esse mesmo mantra justificou o sexto e último voto a favor da discussão dos chamados embargos infringentes, voto dado pelo decano do Supremo, o paulista de Tatuí Celso de Mello. O último juiz a votar, que deu o mais pesado voto contra os "quadrilheiros" do mensalão, foi prolixo ao citar uma miríade de argumentos de outros juristas a favor de sua tese. Destaque-se de seu "sermão da montanha", como o voto foi apelidado por causa da enxúndia, o principal motivo de sua decisão:

> O dever de proteção das liberdades fundamentais dos réus, de qualquer réu, representa encargo constitucional de que este Supremo não pode demitir-se, mesmo que o clamor popular se manifeste contrariamente, sob pena de frustração de conquistas que culminaram, após séculos de lutas e reivindicações do próprio povo, na consagração de que o processo penal traduz instrumento garantidor de que a reação do Estado à prática criminosa jamais poderá constituir reação instintiva, arbitrária, injusta e racional.

Não se trata de "meras tecnicalidades jurídicas", como o próprio Mello lembrou em seu voto, pobre de inspiração e recheado de justificativas prévias. Nem, evidentemente, é o caso de "*Roma locuta, causa finita*" (Roma falou, a causa acabou), é claro. Pois o processo prosseguiu e, citando o mesmo decano, não houve julgamento de mérito. Aceitar discutir embargos não significa concordar com seu mérito, ou seja, a extinção de penas que não alterem a condenação, mas podem, por revisão da aceitação da "formação de quadrilha" ou prescrição de algumas, evitar o desconforto de uma prisão fechada para ex-maiorais da República.

Trata-se, contudo, de uma marcha à ré na confirmação histórica do mesmo STF, com composição diferente da que deu a vitória à aceitação de embargos, de que, ao contrário do que imaginam os políticos instalados nos poderes republicanos, eles não têm direitos especiais para delinquir em delitos como o famigerado "caixa 2" de campanha. A cúpula do Poder Judiciário, por seis (Ricardo Lewandowski, José Antonio Dias Toffoli, Rosa Weber, Teori Zavascki, Luís Roberto Barroso e Celso de Mello) a cinco (Joaquim Barbosa, Luiz Fux, Cármen Lúcia, Gilmar Mendes e Marco Aurélio Mello), decidiu pela lerdeza e contra a justiça, pela prorrogação quase indefinida da defesa, ou seja, pela impunidade.

Se a multidão, que se apaixonou pelo STF em boa medida por causa da decepção generalizada causada pela atuação dos outros poderes da República, mudou de ânimo por causa desse recuo, não foi por culpa dela, mas pela evidente rejeição dos ministros à aproximação empreendida no julgamento anterior. O Judiciário é que se afastou do povo e se manteve próximo do poder, demonstrando condescendência com clientes de seus alfaiates, seus restaurantes, seus clubes e convivas no clima de congraçamento social da elite dirigente civil em Brasília. Em nome da insistência da defesa, estabeleceu-se a desigualdade dos direitos da cidadania, restituindo o velho conceito de que no Brasil o braço pesado da lei só atinge os três pês: pobres, pretos e prostitutas. Embora tenha mantido a bela retórica do pleno direito de defesa para alguns e o consolo dos adjetivos pesados contra os réus para amansar o gigante que voltou a dormir, não em berço esplêndido, mas em catre mísero, restou ao órgão máximo do Judiciário adotar um lema bem menos simpático: "Quem pode mais chora menos".

8. A segurança pública e as manifestações de junho de 2013

Tulio Kahn

A QUESTÃO DA SEGURANÇA pública esteve imbricada nas mobilizações populares de junho de diversas formas. Primeiro como parte do caldo de insatisfação generalizada que serviu de fundo para as manifestações. Pesquisas de opinião pública realizadas nos meses anteriores já mostravam uma piora na sensação de segurança e quedas na aprovação de diversos governantes em virtude da insatisfação com o aumento da criminalidade e as políticas de segurança em vigor (ou a falta delas). Na internet, pululavam *posts* comentando o crescimento dos crimes, latrocínios bárbaros, arrastões em restaurantes, redução da maioridade penal, impunidade, violência policial e outros temas relacionados. Assim, não é de estranhar que, com a demanda de melhorias na mobilidade urbana, na saúde, na educação, e com a insatisfação ligada à corrupção e aos gastos com a Copa, entre outras, diversos manifestantes levantassem a bandeira da falta de segurança durante as manifestações.

A rejeição maniqueísta à PEC 37, percebida como perniciosa pela maioria dos manifestantes e populares sondados nas pesquisas, esteve calcada em parte no sentimento de que ela implicaria piora da já sofrível qualidade das investigações criminais, principalmente contra os corruptos. A ampla rejeição popular à PEC 37 deve ser entendida nesse contexto generalizado de aumento da insegurança e insatisfação contra a corrupção no país.

Pesquisa nacional realizada pela CNT/MDA com 2.002 entrevistados, realizada em julho de 2013, confirma que a insatisfação com a segurança esteve entre as principais motivações das manifestações de junho, corroborando a relevância do tema para o caldo de insatisfações que precipitaram os protestos. A pergunta era: "Em sua opinião, por que estão ocorrendo as manifestações?"

Tabela 1 – Motivo das manifestações (respostas múltiplas)

Resposta	(%)
Insatisfação com a corrupção	55
Insatisfação com a qualidade dos serviços de saúde	47,2
Insatisfação com os gastos da Copa do Mundo	43,7
Insatisfação com os preços e a qualidade do transporte urbano	30,8
Insatisfação com a educação	30,5
Insatisfação com a segurança	20,5
Outra	0,7
Não sabe/não respondeu	1,5

FONTE: CNT/MDA

Também do mesmo período são os resultados da pesquisa nacional CNT/Ibope, que ouviu 1.008 entrevistados em todo o país. Quando questionados sobre as áreas mais problemáticas do país, 22% deles mencionam segurança pública/violência como principal problema, porcentagem que alcança 55% das menções quando considerada a soma delas.

Mas, mais do que o debate sobre os problemas criminais e a ausência de políticas de segurança efetivas, as discussões predominantes durante as jornadas de junho foram a respeito da reação policial às manifestações, criticada tanto por excessos quanto por falta de ação. Não é descabido dizer que foi precisamente uma dessas reações desastradas – especificamente a de 13 de junho em São Paulo, quando a polícia reprimiu de forma desproporcional um grupo de manifestantes pacíficos que se dirigia à avenida Paulista – que acabou por transformar um pequeno grupo, organizado em torno da questão da diminuição do preço das passagens, em porta-voz de uma insatisfação generalizada que se alastrou com virulência para mais de 350 cidades do país, levando milhões de pessoas às ruas nos dias subsequentes. Talvez o movimento tivesse crescido de qualquer modo, mas, no mínimo, a reação policial desequilibrada aumentou a visibilidade e a legitimidade dos manifestantes naquele momento. Depois daquela intervenção, o movimento conquistou simpatia nacional e se espalhou como um rastilho de pólvora.

Com relação à reação policial às manifestações, na citada pesquisa CNT/Ibope, apenas 13% dos entrevistados avaliam que a polícia agiu sem violência, embora 41% tenham opinado que a polícia agiu com violência, mas sem exageros.

Gráfico 1 – Opinião sobre a atuação dos atores envolvidos

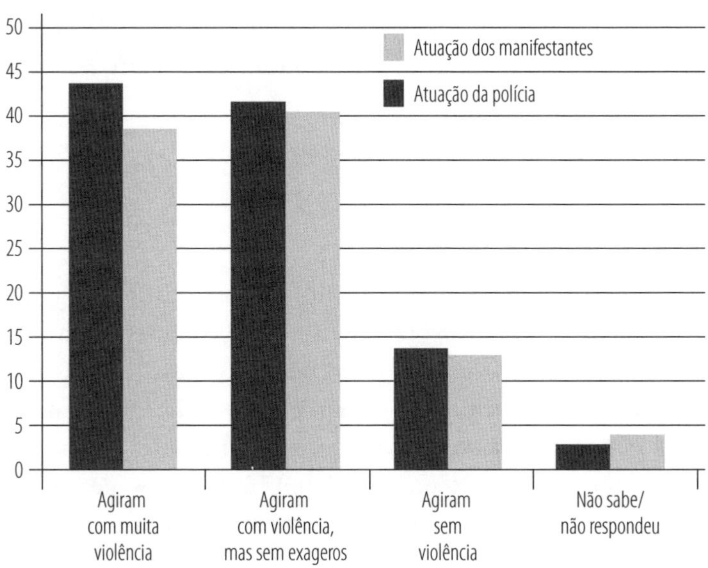

FONTE: CNT/IBOPE

Porém, antes de entrar na discussão sobre erros e acertos das operações policiais durante as manifestações, eu gostaria de analisar a questão prévia do monitoramento, ou seja, de como as agências policiais de inteligência, estaduais e federais, foram incapazes de prever a magnitude dos fatos que se seguiram - que de resto pegaram a todos de surpresa, inclusive imprensa, universidades, partidos, sindicatos e movimento estudantil. Nenhuma instituição ou analista foi capaz de captar com antecedência esse sentimento de insatisfação difuso, que sem dúvida não saiu do nada, de uma hora para outra. Fenômenos sociais dessa magnitude não caem do céu como um relâmpago em dia de céu azul. O que houve foi uma incapacidade generalizada de identificar esse substrato de insatisfação difusa que as pesquisas de opinião pública não antecipavam. Seria possível prever as jornadas de junho com base num sistema de indicadores que combinasse tendências econômicas, natureza e frequência de uso das redes sociais, descrédito nas instituições representativas, relatórios de inteligência e outras variáveis que, a posteriori, foram destacadas pelos analistas como fatores causais?

MONITORANDO INSATISFAÇÕES

Uma primeira lição é que, se as instituições e os grupos organizados não canalizam mais com exclusividade os anseios e as insatisfações populares - ao contrário, são elas mesmas foco dessa desilusão com as instituições -, não é mais suficiente monitorar apenas o que se discute e se faz nos movimentos vistos como riscos potenciais ao Estado: MST, CUT, partidos de extrema esquerda, UNE etc., que costumeiramente atraíram o interesse da comunidade de inteligência. Todas as agremiações e bandeiras foram negadas durante as passeatas. Não estou dizendo que não houve nenhuma influência de partidos e grupos organizados nas ações do Movimento Passe Livre; seria preciso muita ingenuidade para isso... Refiro-me à massa que foi atraída para as ruas nas manifestações subsequentes, sem vínculos com agremiação partidária ou sindical alguma, conforme captado pelas pesquisas de opinião.

Estas, pelo menos aquelas cujos resultados vêm a público, tampouco conseguiram antecipar que esse caldo de insatisfações pudesse se transmutar em grandes mobilizações de massa – mesmo por que não foram feitas com tal finalidade. Pequenos desgastes na imagem de políticos e instituições foram detectados, mas nada que pudesse ajudar a prever o tsunâmi que viria por aí. Ao contrário, as pesquisas davam a entender que o governo federal gozava de ampla simpatia, o que garantiria facilmente a recondução da presidente nas próximas eleições; e que, apesar das quedas de avaliação, o país andava bem e o povo razoavelmente satisfeito com os índices de emprego e renda, que lhes permitia nova capacidade de consumo.

As pesquisas eleitorais costumam focar em algumas poucas variáveis econômicas, como emprego, renda e expectativa de consumo, pois a literatura já estabeleceu que em geral a situação da economia define o voto do eleitor (*it's the economy, stupid*). As mobilizações de rua, por outro lado, são influenciadas pela situação econômica, mas quase sempre, como descreveu brilhantemente Barrington Moore Jr.[1], são calcadas em questões morais (*it's morality, stupid*). De modo que um bom sistema de indicadores subjetivos, capaz de antecipar mobilizações populares, deve incluir muito mais variáveis de cunho moral (corrupção, privilégios, nepotismo, gastos governamentais exorbitantes, comportamentos abusivos, frustrações com o sistema de justiça etc.). Pelo menos dois dos principais motivos das manifestações – corrupção e gastos com a Copa – se encaixam nessa lógica, e até mesmo os demais, mais pragmáticos (qualidade dos transportes,

1. Moore Jr., Barrington. *Injustiça, as bases sociais da obediência e da revolta*. São Paulo: Brasiliense, 1987.

saúde, educação, segurança), são perpassados por elementos morais: a qualidade dos serviços é precária porque os governos desperdiçam recursos com projetos faraônicos, corrupção, privilégios etc.

Os serviços de inteligência internacionais conduzem há décadas pesquisas de opinião sobre temas de interesse para avaliar riscos diversos. Nos anos 1960, por exemplo, a CIA era a principal financiadora do projeto Barômetro Latino-Americano[2], que visava mensurar o apoio à democracia, aos Estados Unidos, ao comunismo, ao Congresso e a outros temas nos países latino-americanos. Trata-se de um dos vários modos de obter informações sobre tendências e sentimentos populares, mas, pelo que se sabe, no Brasil os governos, que gastam milhões para acompanhar as tendências de voto e de popularidade, não disponibilizam verba para que as agências de informações conduzam pesquisas periódicas com a população para monitorar temas de interesse nacional. Quando muito, as agências de informação coletam e analisam dados encomendados por outras instituições. Esse painel de opiniões, monitorado por meio de séries históricas, deve ser um dos elementos para montar um sistema nacional de acompanhamento desses sentimentos e percepções difusas: popularidade dos governos, crença nas instituições democráticas e representativas, qualidade dos serviços públicos, expectativas com relação ao futuro e grandes temas conjunturais, especialmente os de natureza moral. A capacidade de mobilização das questões morais costuma ser maior do que a das pautas concretas, como aumento das passagens de ônibus. Não é pelos 20 centavos, como expressavam os manifestantes. Os 20 centavos foram um pretexto para expressar a indignação moral da população

2. A primeira pesquisa do Barômetro Latino-Americano data de 1955. Conduzida pela CIA, incluiu uma amostra de seis cidades latino-americanas: Havana, Bogotá, Medellín, Caracas, Rio de Janeiro e São Paulo. Trata-se de um exemplo do uso de pesquisas de opinião pelas agências de inteligência.

contra os privilégios, a corrupção, os gastos públicos indevidos, a pizza do mensalão. Uma série histórica sistemática desses indicadores talvez tivesse fornecido indícios de que algo não ia bem.

Esse painel de controle deve ser composto também por indicadores econômicos de curto prazo, em especial aqueles que medem o comportamento do consumidor, como expectativas de consumo e taxas de inadimplência. O contexto econômico menos favorável, não obstante a manutenção de níveis elevados de emprego, ajuda a explicar a magnitude da adesão popular aos movimentos nas ruas. Talvez o impacto das manifestações fosse outro se não vivêssemos uma conjuntura de elevação da inflação, queda no consumo, aumento dos juros e uma sequência de vários trimestres consecutivos de desaceleração do PIB. É possível pensar em outros indicadores capazes de exprimir esses descontentamentos, como porcentagem de votos em branco e nulos nas eleições, comentários negativos nas redes sociais etc.

Os Estados Unidos e Israel dizem ter computadores e algoritmos capazes de prever a eclosão de movimentos populares tanto local quanto internacionalmente. Quando essas tecnologias foram desenvolvidas, a fonte principal de alimentação de suas bases eram milhares de notícias publicadas diariamente nos jornais. Fazendo simulações com a quantidade e natureza das notícias que antecederam grandes manifestações no passado, os analistas descobriram uma série de variáveis preditoras (não divulgadas) capazes de antecipar mobilizações futuras.

Os jornais representam o sentimento popular, mas são também um filtro que seleciona e direciona esses sentimentos. As novas mídias, nesse sentido, são muito mais adequadas para captar essa percepção diretamente da fonte – não existem filtros –, além de ampliarem exponencialmente a quantidade de informações. Estamos falando aqui de redes sociais, como o Facebook, ou de meios de comunicação coletivos ou individuais, como o Twitter e o WhatsApp, para ficar apenas nos mais conhecidos. O único limite dessas novas formas de comunicação é que seu alcance não é universal, pois a adesão a elas é proporcionalmente maior nos meios mais abastados e educados. De toda forma, elas atingem em cheio aqueles que chamamos de formadores de opinião. Esse viés de seleção das novas mídias ajuda a entender o perfil bem mais escolarizado dos manifestantes em comparação com o restante da população brasileira.

As grandes empresas do setor privado pagam por relatórios periódicos encomendados a empresas especializadas no acompanhamento das novas mídias para monitorar a imagem da marca, seus produtos e serviços perante os consumidores. É possível quantificar a menção a uma ou mais palavras-chave, em conjunto ou isoladamente, e estimar se o contexto em que aparecem é positivo ou negativo. Dizem que, hoje, é mais fácil ser ouvido por uma empresa colocando um *post* negativo no Facebook do que ligando para reclamar no SAC. Não estamos falando aqui do monitoramento de usuários específicos e de invasão de privacidade, mas de grandes tendências estatísticas, detectáveis sem quebra de sigilo. De novo, parece que os serviços de informação no Brasil não usam adequadamente essas ferramentas de monitoramento, já em uso pelo setor privado, que poderiam ser encomendadas no mercado de análises de marketing. Circularam notícias de que a Agência Brasileira de Inteligência (Abin) passaria a monitorar as discussões das redes sociais somente após as manifestações. Se for verdade que ela não o fazia até então, o que impressiona é que não o fizessem antes! Repito: não se trata de montar um Prism[3] brasileiro para interceptar indiscriminadamente comunicações individuais, mas de montar um painel com indicadores de tendências.

---

3. Trata-se de um dos programas do sistema de vigilância global da NSA (Agência de Segurança Nacional dos Estados Unidos). Mantido em segredo desde 2007, foi revelado pela imprensa em 2013. O Prism permite aos funcionários da NSA coletar inúmeros dados de usuários que usam a internet, como histórico de pesquisas, e-mails, transferência de arquivos, vídeos, fotos, chamadas de voz e vídeo, detalhes de redes sociais, *logins* e outras informações que ficam em poder das empresas de internet.

O fato é que há uma miríade de fontes – relatórios de inteligência, indicadores de pesquisas de opinião, entrevistas qualitativas, painel de indicadores econômicos, análise de tendências temáticas baseadas em jornais e novas mídias – e de recursos tecnológicos –supercomputadores, algoritmos de busca, *web rippers*, algoritmos que preveem a eclosão de manifestações – que são subutilizados pelos organismos de inteligência brasileiros, tanto federais (Gabinete de Segurança Institucional da Presidência da República, Abin, Polícia Federal) quanto estaduais, seja por falta de recursos, seja por falta do conhecimento necessário para utilizá-los. Não é de estranhar, assim, a "surpresa" provocada pelas mobilizações de massa nos organismos de informação. Ninguém foi capaz de juntar as evidências de forma coerente, mas, como sociólogo (e com a vantagem de escrever *a posteriori*), sou capaz de afirmar que elas estavam aí, pairando no ar, como as palavras mudas em estado de dicionário do poema de Drummond. O comportamento das massas está longe de ser imprevisível e não é possível imaginar que simplesmente apareceu do nada, subitamente. Nós, incluindo aqui os sociólogos metidos a policial, é que não fomos capazes de percebê-las.

Claro que contexto não explica tudo, sendo preciso pensar nas jornadas de junho em sua historicidade. O contexto facilitou a disseminação, mas as manifestações talvez nunca tivessem ocorrido não fossem fatos históricos fortuitos: o aumento das passagens em São Paulo após uma campanha eleitoral que prometera não alterá-las, a existência de um movimento organizado como o MPL e a reação policial às primeiras manifestações. Como todo fato histórico, tratou-se de uma combinação do acaso com a conjuntura propícia. E, como lembra Maquiavel, o acaso (a fortuna), como um rio caudaloso, causa menos estragos quando homens virtuosos constroem diques para represá-lo.

REAÇÃO POLICIAL OSTENSIVA: ACOMPANHAMENTO E CONTROLE DAS MANIFESTAÇÕES

O segundo aspecto envolvendo questões de segurança e as mobilizações tem que ver com a reação policial a elas, aspecto que mereceu grande destaque na mídia – até porque muitos jornalistas foram vitimados durante os atos de protesto. As críticas e os erros das ações policiais foram apontados exaustivamente por diversos especialistas e leigos, mas pouco se falou sobre eventuais acertos, que talvez tenham evitado tragédias maiores. É digno de nota que as mortes durante os eventos foram causadas por motoristas presos nos engarrafamentos e por queda de ponte, com exceção, salvo engano, de uma pessoa que teria morrido depois de ter inalado gás lacrimogêneo. Tivemos dezenas de feridos por balas de borracha, mas nenhum manifestante morreu baleado, apesar da presença de centenas de milhares de pessoas nas manifestações. Compare-se, por exemplo, com o saldo de dez mortos apenas em uma intervenção policial na favela da Maré nas semanas seguintes. Antes de entrarmos na análise de erros e acertos, detenhamo-nos rapidamente no perfil dessas novas mobilizações, cujas características é importante reter para avaliarmos a conduta policial. Esse perfil não tem a pretensão de ser original, mas, antes, de destacar alguns elementos que têm relevância para interpretar a atuação policial.

PERFIL DAS NOVAS MOBILIZAÇÕES

- Maioria de manifestantes de classe média e alta, mais escolarizados (os "pacíficos"). Diferente do público com que os policiais costumam lidar.
- Minoria de exaltados, responsáveis por depredações, provocações, confrontos, saques (os "vândalos" ou "baderneiros"). Inclui-se aí a eventual presença de grupos criminosos organizados e de grupos anarquistas.

- Escala das manifestações: não estamos falando de dezenas de torcedores, mas de centenas de milhares de manifestantes.
- Mobilização feita pelas redes e novas formas de comunicação: maior rapidez na convocação e disseminação dos fatos; rápida disseminação de imagens e palavras de ordem.
- Cobertura em tempo real pelos grandes canais de TV e ampla cobertura pelos meios de comunicação. População fotografando e transmitindo imagens ao vivo das ações.
- Demandas múltiplas, das mais objetivas e concretas, às mais abstratas e morais.
- Ausência de lideranças ou múltiplas lideranças, o que dificultou a negociação.
- Ausência de meios de organização durante as manifestações: sem palcos, sem trajeto definido, sem horário de início e encerramento, sem carros de som, sem megafones etc.
- Rejeição a partidos, sindicatos e entidades representativas em geral.

No que tange, de início, aos acertos, destaco os seguintes elementos: as polícias perceberam – umas mais cedo, outras tardiamente – que a escala das manifestações e o perfil dos manifestantes era diferente. Assim, colocaram em prática o que se chama de "poder discricionário de polícia". Explicando: o uso de drogas em público é ilegal, e se um policial depara com o ato ilegal é forçado, sob pena de prevaricar, a agir contra a ilegalidade. Todavia, diante de atos como "Marchas da Maconha", quando centenas de manifestantes usam drogas em público como forma de protesto, as polícias costumam ignorar a ilegalidade, uma vez que os efeitos de uma tentativa de repressão seriam mais danosos do que não agir. Nesse e noutros casos, a polícia está corretamente usando seu poder discricionário para decidir como agir para evitar um dano maior. Trata-se de bom senso, que nem sempre policiais são capazes de exercer se não estiverem bem orientados: ele não está prevaricando, mas agindo em nome de um valor maior – a preservação da integridade física dos manifestantes –, sem falar no próprio direito de manifestação. Há imagens em vídeo de policiais ingleses assistindo passivamente a manifestantes pularem na capota de viaturas de polícia e as depredarem durante manifestações. O que eles fizeram, na hora, foi apenas registrar os autores em vídeo, identificá-los, responsabilizá-los mais tarde e condená-los ao ressarcimento do bem público. Ainda não chegamos a esse nível de civilidade inglesa, mas, de fato, as polícias brasileiras afrouxaram muitas regras para permitir as manifestações. Regra geral, estas devem ser comunicadas com antecedência aos órgãos policiais, com trajeto definido, sendo proibido paralisar totalmente o trânsito etc. O raciocínio é o de que o direito de manifestação não pode suprimir outros direitos, como o de ir e vir dos demais usuários das vias. O que vimos durante os protestos foi um bom senso no sentido de simplesmente ignorar essas exigências. O direito de ir e vir foi prejudicado sobremaneira, mas a repressão teria sido impossível e a inflexibilidade poderia ter causado danos muito maiores. As polícias perceberam que a intolerância com a passeata de 13 de junho, em São Paulo, só serviu para acirrar as mobilizações e colocar a população contra as autoridades. A partir daquele episódio, o comportamento mudou.

Além do uso do poder discricionário, os comandos das polícias de diversos estados procuraram identificar eventuais lideranças dos movimentos e manter um canal de diálogo aberto com elas durante as manifestações, procurando negociar o trajeto, pedindo o controle dos provocadores e outras medidas para tentar organizar minimamente os atos. Por diversas vezes vimos oficiais das PMs no meio dos manifestantes, na linha de frente, fazendo contato corpo a corpo, com risco à sua integridade física. Por vezes o comportamento da tropa esteve em claro descompasso com a orientação do comando: enquanto este tentava negociar com as lideranças, grupos de policiais, alheios ao que se passava, partiam para a repressão, colocando em risco os oficiais que ainda se encontravam do lado dos manifestantes. Uma manifestação com milhares de participantes espalhados por quilômetros de extensão é como um organismo vivo e, se provocada, pode mudar de comportamento a qualquer instante. É difícil avaliar, no calor da hora e em campo, os rumos, mais pacíficos ou mais agressivos, que tal organismo está tomando, e essa dificuldade é uma das causas do descompasso entre comandantes e comandados. Além de manter abertos os canais de comunicação com as lideranças, foi possível identificar diversas tentativas simbólicas de mostrar que a polícia não era o inimigo, mas estava ali para garantir o direito de manifestação e inibir atos de depredação e violência: policiais carregando faixas, sentando no chão em solidariedade, usando braçadeiras brancas, distribuindo folhetos etc., numa tentativa de ganhar a simpatia da população e apaziguar os ânimos.

Por outro lado, foi possível identificar um grande número de erros estratégicos e táticos durante os acontecimentos de junho. Muitos dos erros estratégicos, é preciso dizer, foram ocasionados pela ingerência política de governadores, de prefeitos e das cúpulas da segurança pública, que oscilaram erraticamente na mensagem passada aos policiais na ponta, ora exigindo a contenção mais dura das manifestações, ora titubeando para controlar distúrbios, com medo das consequências políticas disso. A própria imprensa oscilou no tratamento dado ao movimento. A ideia básica era garantir o direto de manifestação das massas pacíficas e reprimir saques e depredações da minoria de vândalos. Contudo, algumas vezes presenciamos a tropa reprimindo as massas pacíficas e "garantindo" depredações e saques... Tais oscilações erráticas de orientação, pelo que consta, causaram rusgas e desentendimentos na cúpula das polícias, insatisfeitas com as interferências políticas num trabalho que é em parte técnico e, em parte, arte, uma vez que só se delineia no calor da hora. A proibição do uso de balas de borracha e gás lacrimogêneo contra os manifestantes foi um exemplo claro de intervenção política numa questão técnica; a atitude diminuiu a violência, mas também a capacidade de controle pelas polícias.

A falta de equipamentos adequados ao controle de distúrbios de massa também contribuiu para os desacertos. Começando pelo básico: quantos manifestantes estavam nas ruas? Os números eram desencontrados, quase sempre subestimados pelas polícias e superestimados pelos manifestantes. Existem hoje câmeras inteligentes que são capazes de quantificar o número de manifestantes com base em fotos aéreas e algoritmos que calculam a densidade populacional por área. Nenhuma polícia brasileira detém tal tecnologia, não obstante os gastos estratosféricos com a segurança da Copa. O que se faz é um cálculo aproximado, bastante precário, baseado na extensão das vias e num cálculo-padrão de indivíduos por metro quadrado. Mas esse método não dá conta dos clarões no meio da multidão, do espalhamento por vias adjacentes, da massa que chega e sai no decorrer dos eventos. Como estimar os recursos necessários se não se sabe ao certo nem quantos manifestantes estão nas ruas? Como sincronizar ações de policiais militares, civis, guardas municipais, bombeiros, serviços de saúde, Força Nacional se raramente essas instituições compartilham comunicações e dados? Bombas de efeito moral, *spray* de pimenta e balas de borracha foram usados na ausência de outros meios menos agressivos, como jatos de água. Em suma, parte dos desacertos observados é decorrência direta da falta de investimentos adequados para a contenção de distúrbios.

Orientações políticas oscilantes e falta de equipamento adequado atenuam, mas não escondem o fato de que as polícias brasileiras têm forte carência de capacitação, não apenas para conter distúrbios de massa como para fazer o policiamento ordinário, tanto ostensivo quanto investigativo. Tais carências tornam-se evidentes quando a violência policial deixa de atingir apenas jovens pobres da periferia e passa a assolar a classe média branca nas principais avenidas do país.

Uma dessas carências tem relação com uma doutrina clara de uso progressivo da força na contenção de distúrbios. A Tropa de Choque é uma unidade especializada, com técnicas e meios próprios, distintos do policiamento ostensivo ordinário. Desse modo, os padrões internacionais sobre uso da força pela polícia, criados para fazer cumprir a lei, voltados basicamente contra o crime comum, não se aplicam de modo igual ao policiamento de reuniões públicas, embora continuem válidos os princípios da necessidade e proporcionalidade. Como implementar, por exemplo, a regra da verbalização clara da advertência como primeiro passo diante de uma multidão? Como garantir a disponibilidade de assistência médica aos feridos numa marcha com um milhão de manifestantes? Ao contrário das armas de fogo, as não letais podem ser utilizadas em situações que não ameacem a vida do policial ou de outrem, mas não existe uma orientação clara sobre que situações são essas. As diferenças de situação são muitas, de modo que não se pode simplesmente adaptar acriticamente as regras de uso de armas fogo para controle de distúrbios, como geralmente se fez. Caberia à Secretaria Nacional de Segurança Pública (Senasp), com base na experiência internacional, estabelecer detalhadamente as condições e os limites para o uso de equipamento não letal (ou menos letal) nas manifestações. Na ausência de regras claras, o que vimos foi o uso indiscriminado desses meios em quase todos os protestos. Não sou daqueles que acham que todos os problemas policiais do país serão resolvidos com aulas de direitos humanos para as polícias, tão a gosto dos policiólogos, pois o trabalho policial é mais complexo do que se acredita. Mas, nesse caso, a ausência de uma doutrina de uso progressivo da força para operações de controle de distúrbios prejudicou sobremaneira a atuação policial, que muitas vezes abusou do uso do armamento menos letal.

A Tropa de Choque age em bloco e quando utiliza, por exemplo, as bombas de efeito moral, não consegue diferenciar a maioria de pacifistas da minoria de vândalos. Ela não pode destacar grupos isolados de policiais para entrar sozinhos na multidão e fazer detenções seletivas. Age no atacado e não no varejo, o que representa um limite intrínseco em manifestações com o perfil antes descrito. E colocar policiais à paisana para efetuar detenções seletivas representaria um sério risco à integridade física desses profissionais. Resta a alternativa de identificar as minorias agressivas e buscar a responsabilização em outro momento. É o que a polícia vem fazendo, ao custo de deixar passar atos de depredação e saques.

Não vou me ater aqui aos problemas táticos e operacionais específicos, que foram muitos e devidamente apontados em outras ocasiões: policiais sem tarjeta de identificação; uso de equipamento com data de validade vencida; detenção ilegal de manifestantes portando vinagre; falta de comunicação entre comando e tropa; uso de armas não letais sem condições de visibilidade, distância mínima, mirando abaixo dos joelhos, como preveem os manuais etc. Apenas destaco que são basicamente os mesmos erros que vemos quando, semanas depois, em uma operação rotineira, policiais invadem uma favela carioca e deixam uma baixa de dez mortos. Num e noutro caso, as causas últimas das falhas são as mesmas: um modelo federal de atuação desarticulado institucionalmente, uma Agência Brasileira de Informações carente de recursos, uma Polícia Federal que não responde a ninguém, uma Constituição que engessa a modernização da organização da segurança, polícias mal pagas e mal treinadas, antagônicas entre si, Polícias Civis que investigam pouco e mal, Polícias Militares que usam pouco a inteligência e muito o coldre, Guardas Municipais que não sabem a que vieram e extrapolam suas funções constitucionais, Secretarias de Segurança geridas por juristas sem conhecimento de polícia ou de gestão. O que vimos durante as manifestações, em suma, é um retrato fiel do cotidiano das polícias brasileiras, com seus acertos e erros.

EPÍLOGO?

Pressionados pelas manifestações de rua, Executivo e Legislativo se apressaram a anunciar uma série de medidas para arrefecer a força das manifestações: diminuição do preço das passagens, congelamento de outros aumentos, corte de custos, derrubada da PEC 37, aumento da punição para corrupção "hedionda" etc. O governo federal anunciou uma pauta com cinco itens, entre os quais a proposta de um plebiscito sobre a reforma política, além de medidas nas áreas de educação e saúde. A segurança pública e as polícias, mais uma vez, foram deixadas de lado. Como se a sensação de insegurança e o aumento da criminalidade não fossem parte do descontentamento que levou a população às ruas. Medidas para diminuir a criminalidade, nenhuma. Sobre a falta de capacidade preditiva das instituições de inteligência, nada. Sobre a falta de equipamento, treinamento e doutrina para garantir pacificamente o direito de reunião e manifestação, nada, exceto a renovação dos estoques de bombas de efeito moral e de balas de borracha.

Assim como os diferentes governos, partidos e o Congresso, as polícias, cuja imagem já não é das melhores para a população, saíram desgastadas desses episódios. Evidenciaram a mesma falta de qualidade na prestação de serviços apresentada no transporte, na saúde e na educação. Foram acusadas de violência excessiva contra os manifestantes pacíficos e de inanição diante de saques e depredações. Considerando a magnitude e a virulência das manifestações, o saldo poderia ter sido bem pior, mas ninguém pensa contra factualmente e, mais uma vez, as polícias pagam o preço de mazelas cometidas em outras instâncias. Quanto aos movimentos sociais, organizados e desorganizados, em vez de apenas criticarem a violência policial, é preciso que incorporem a melhoria da segurança e das polícias às suas pautas reivindicatórias. É preciso catalisar a energia criada naquele momento para fazer avançar os grandes temas de interesse nacional e de segurança – certamente um desses temas relevantes. Ao menos, bem mais do que muitos outros que foram apresentados pelos governos para estancar a revolta das massas.

9. Entre o libertário e a usurpação

Denis Rosenfield

As jornadas de junho de 2013 foram algo completamente novo, comparáveis às que levaram ao *impeachment* do ex-presidente Collor e ao movimento pelas Diretas-Já, que precipitou o fim do regime militar. Para um país normalmente apático do ponto de vista de manifestações de rua, a mobilização de mais de um milhão de pessoas é muito significativa. Há, sem dúvida, a expressão de um profundo mal-estar social – que, a propósito do aumento da passagem de ônibus em São Paulo e, antes, em Porto Alegre, ganhou uma dimensão pública, não partidária e nacional. Havia algo diferente no ar, como se o país tivesse acordado.

Cabe, em primeiro lugar, ressaltar o caráter não partidário das manifestações, embora grupos de extrema esquerda, e mesmo a Juventude do PT, tenham querido apropriar-se do movimento. O que presenciamos foi a exigência de uma nova forma de fazer política, que se expressaria por uma tentativa de reinvenção do político, entendido como uma expressão pública visando ao bem comum, independentemente de partidos. Há uma demanda clara de participação política que não encontra formas de expressão nos partidos tradicionais, os quais não conseguem supri-la. A distinção entre política no sentido tradicional e o político em uma nova dimensão deve ser bem marcada se quisermos entender o que aconteceu.

Os partidos políticos estão em franca perda de representatividade, perdidos em demandas corporativas deles mesmos, se não em corrupção e desvio de recursos públicos, pura e simplesmente. Os partidos e suas lideranças estão dando o pior exemplo para a nação, mostrando que o seu objetivo consiste principalmente na busca de seus interesses particulares. São eles, em todos os níveis, que dão o exemplo do que é a política atual, da qual os manifestantes se mostraram claramente saturados. E isso atinge todos os partidos políticos, do PT ao PSDB, passando pelo PMDB e por todos os demais. Algumas siglas são simplesmente de "aluguel", vendendo a sua "locação". Ademais, as manifestações atingem todos os níveis do Estado, em particular o Poder Executivo municipal, estadual e federal. O Legislativo, por sua vez, torna-se, por seu comportamento fisiológico e corporativo, no qual impera o "dando que se recebe", um exemplo da corrupção da política.

O PT vive hoje o desencanto dos manifestantes consigo. O partido da ética na política, que teria vindo ao poder para mudar o modo de fazer política, mostrou-se imerso em caixa dois, em desvio de recursos públicos, tudo devidamente julgado no mensalão. A cara de Delúbio Soares gozando da opinião pública, dizendo que falava de "recursos não contabilizados", que o mensalão viraria "piada de salão", mostra quanto o partido dominante abandonara todas as suas bandeiras. A política petista, sobretudo nos governos Lula, deu um exemplo de que a palavra e as bandeiras políticas de moralidade pública nada valiam. Nesse sentido, não é surpresa o aparecimento de partidos de extrema esquerda que têm um único mérito: não estar metidos em assuntos de corrupção e de moralidade pública. Tentam capitalizar para si o descontentamento com o próprio PT.

Na política brasileira, estamos vivendo o pós-mensalão. Não convém esquecer que o julgamento desse episódio foi, durante semanas, até meses, exibido na televisão. A TV Justiça tornou-se popular. Com a derrocada moral do PT apareceram partidos, empresários, banqueiros e publicitários que chafurdaram no mesmo lamaçal. O bastião da moralidade soçobrou, levando consigo uma forma moral de fazer política.

Há uma mensagem implícita em todos os atos e bandeiras que foram levantados nas jornadas. Ela pode ser formulada da seguinte maneira: "Quem paga?" Com efeito, quem paga o aumento da tarifa de ônibus, quem paga o mensalão, quem paga uma educação pública de baixa qualidade, quem paga por um sistema público de saúde precário? Note-se que essas bandeiras estiveram presentes em manifestações por todo o país, onde o pagamento da tarifa de ônibus se traduziu pelo pagamento de todos os problemas sociais que afligem a vida dos cidadãos brasileiros. E aqui nenhuma instância do Estado se encontra a salvo, todas sucumbindo a essas formas de pagamento.

As manifestações, nesse sentido, tiveram cunho propriamente moral, entendido em sua dimensão mais própria da crise de valores enfrentada pela sociedade brasileira. Os exemplos dos políticos e governantes em geral é o de não seguir nenhum valor, quando não explicitamente advogar interesses fisiológicos e a corrupção como naturais à vida política. Como se a corrupção política fosse equivalente às fases da lua. São, então, lunáticos! Quando o cidadão percebe o destino dos seus impostos, salta à vista a indignação moral que surge dessa percepção. Impostos nada mais são do que transferências particulares de bens para o coletivo, representado pelo Estado. Se este não cumpre com a sua função, o uso indevido de recursos públicos é visto como injusto. Ou seja, o Estado, em suas diferentes esferas, aparece agindo "injustamente". Logo, pode-se dizer que as manifestações populares estavam clamando por justiça.

Equivoca-se, assim, quem pensa que tais protestos foram coisa de classe média abastada, de meros estudantes revoltados. Elas contaram com apoio popular, salvo quando resvalaram para a violência. Pesquisas mostraram isso, além de ser visível o apoio da população em geral a essas formas públicas de descontentamento. Irmanam-se jovens e idosos em torno de uma pauta comum – quem paga –, tudo começando com quem paga o aumento de passagens, linhas de ônibus abarrotadas, impontualidade, sujeira etc. Para quem não utiliza transporte público, tudo isso parece ser longínquo. Não o é, porém, para os seus usuários.

Convém não cair no lugar-comum de atribuir às manifestações a mera insatisfação da classe média. É precisamente ela a grande agente de transformações políticas e sociais. Os mais pobres, de tão pobres, tendem à apatia, não tendo capacidade própria de reação. Quando se manifestam, o fazem a reboque da classe média. As sublevações e, inclusive, as revoluções são obra de quem pensa e de quem tem boas condições de vida, por mais que procurem demonstrar a sua insatisfação com elas. São contra os privilégios, direitos que só valem para alguns. Historicamente, isto aconteceu com a Revolução Francesa e com a Revolução Americana. Não quero, claro, dizer com isso que estamos entrando em um período revolucionário. Meu único propósito é desqualificar aqueles que tendem a minimizar os protestos como se eles fossem socialmente desprezíveis.

É preciso também levar em conta que, nos últimos anos, houve uma sensível melhoria da vida dos mais desfavorecidos. Surgiu até uma nova classe média ascendente, ciosa de sua nova condição, de seus novos bens, esperançosa de melhorar ainda mais de vida. O problema aqui consiste na percepção que ela tem de sua condição atual e de seu futuro. Hoje, do ponto de vista real, temos o pleno emprego e salários que sofreram sensível aumento. Do ponto de vista da percepção, contudo, a questão é outra: "Poderei manter a minha situação atual?"; "Poderei manter a expectativa de melhora nos próximos anos?" A classe média ascendente parece se dar conta da corrosão de sua condição atual e de suas expectativas futuras. Corrosão que aparece no aumento da inflação, sentido tanto nas passagens de ônibus quando nas gôndolas dos supermercados e nos serviços em geral. A inflação corrói expectativas.

Cabe aqui um reparo conceitual sobre a cobertura da mídia, bem comum ao viés ideológico reinante na sociedade brasileira atual. Muitos jornalistas equiparam, como se fosse a mesma coisa, a violência policial à violência de manifestantes que queimam ônibus, depredam lojas e saqueiam o comércio. Só se pode falar de violência policial quando ela exorbita para o que não é justificável, atingindo, por exemplo, inocentes. O Estado, no exercício de suas atribuições de segurança, utiliza a força para assegurar a vida dos cidadãos e a integridade dos seus bens. A repressão é uma expressão desse uso legal da força, embora muitos a entendam de um ponto de vista pejorativo. Repressão é impedir a eclosão, por exemplo, da violência.

Nenhum Estado democrático poderia existir sem o uso da força pela polícia, pois sucumbiria ao exercício generalizado da violência. O fato de os governadores não utilizarem a repressão mesmo após o período mais agudo das jornadas tornou-se passe livre para a impunidade. São as instituições que sofrem desse enfraquecimento. Quando manifestantes "organizados" discursam contra a "criminalização dos movimentos sociais" estão, na verdade, transmitindo a mensagem de que sejam deixados em paz em seus atos violentos. Trata-se de uma espécie de escudo para ser usado diante da opinião pública e de seus defensores em caso de prisão. A democracia não pode sobreviver com a leniência em relação a atos criminosos, por mais "justificativas sociais" que sejam apresentadas. É a mesma tática utilizada pelo MST em seus atos violentos no campo brasileiro, agora transplantados para a cidade.

AUTONOMIA E HETERONOMIA

Há um nítido hiato entre o Brasil oficial (nos níveis federal, estadual e municipal) e o país real. Os discursos de nossos governantes não demonstram nenhuma pertinência no que diz respeito aos legítimos anseios da sociedade. Esta, por sua vez, organiza-se autonomamente, à revelia do Estado e dos partidos políticos. Na verdade, o PT era, antes, o único partido político capaz de realizar mobilizações populares. Hoje, não pode mais comparecer a manifestações por ser apupado, criticado e desconsiderado. Até mesmo as propostas apresentadas em reação às jornadas acentuaram esse descolamento, colocando em pauta a diferença entre um país real e suas versões partidárias e governamentais, ou, ainda, entre a sociedade civil e o Estado.

Nesse contexto, gostaria de destacar dois fatos de grande dimensão simbólica: a proteção militar da presidente da República e o desuso da fala petista acerca dos movimentos sociais.

Em um dos momentos mais intensos das jornadas de junho, houve a tentativa, violenta, de invasão do Palácio do Itamaraty. O Palácio do Planalto, situado bem próximo, é protegido pelos militares, em particular pelo Exército. Ora, naqueles momentos de tensão a guarda presidencial, além de contar com tropas auxiliares em caso de necessidade, estava toda mobilizada para proteger a presidente. Não deixa de ser curioso observar que um governo petista tenha precisado da proteção do Exército contra manifestações populares. Foi a presidente então levada ao Palácio da Alvorada, onde permaneceu segura. Se alguém dissesse, há um ano, que isso poderia acontecer, seria tido por louco, insensato. Simbolicamente, trata-se de um fato da maior relevância, que sinaliza o fim de uma época.

Ocorre, contudo, que a insensatez se situa no discurso petista e governamental, descolado da sociedade. Decisões governamentais, dirigismo estatal, restrições à liberdade de escolha e ufanismo social – esse último particularmente presente no discurso de Lula – mostraram-se incapazes de responder aos anseios populares. Não deveria, pois, surpreender que as iniciativas governamentais de Assembleia Constituinte exclusiva e plebiscito tenham logo sido enterradas. Não ecoaram as vozes das ruas e procuraram substituí-las. O governo encastelou-se no poder e deixou de escutar as ruas.

O divórcio entre essas duas instâncias é particularmente palpável na significação atribuída à expressão "movimento social". Note-se que, para o PT, "movimentos sociais" significam agremiações subordinadas a seu projeto de poder, em geral representando grupos mais à esquerda, como a CUT, o MST e a UNE – embora esta seja presidida pelo PCdoB. Em maior ou menor medida, são esses grupos atrelados ao PT e às suas concepções mais radicais. Para o partido, "movimentos sociais" são constituídos por esses grupos subordinados que se arvoravam em representantes legítimos da sociedade.

Ora, eles foram literalmente varridos do mapa. Manifestantes da CUT, do PT e do MST tiveram as bandeiras rasgadas – e os mais renitentes em baixá-las levaram alguns sopapos. Aquilo era impensável até então. Os que foram às ruas não mais aceitam ser acorrentados à política petista dos movimentos sociais.

Nesse sentido, o discurso do secretário-geral da Presidência, Gilberto Carvalho, de rearticulação com os "movimentos sociais", não tinha a menor chance de vingar, precisamente por estar baseado em uma concepção petista que perdeu a validade. Suas tentativas posteriores apenas reiteram esse fato. A sociedade civil brasileira encontrou outra forma de se manifestar, erguendo a própria voz. Há uma questão de reconhecimento aqui envolvida.

Por sua vez, Rui Falcão, presidente do PT, tentou, durante os eventos, criar artificialmente uma "onda vermelha". Convidou pelo Twitter a CUT, a UNE e, claro, o PT a participar das mobilizações populares. Todos foram expulsos das manifestações. As ruas reproduziram aquilo que a população já havia feitos nas redes sociais antes do início dos protestos. As críticas no Twitter foram tão intensas que Falcão apagou sua postagem e terminou dando aos manifestantes um rosto que eles, por muitas razões, não tinham percebido claramente até então: Dilma virou o alvo.

Uma coisa são as manifestações pacíficas, mediante a ação autônoma da sociedade, que está dizendo que não mais suporta a corrupção vigente, o fisiologismo dos partidos políticos e o preço dos serviços públicos, com destaque para o transporte, além de sua baixa qualidade; outra são as ações de grupos que depredam e saqueiam, parecendo ser meros criminosos comuns quando, na verdade, são agremiações políticas cujo propósito é levar o país a uma crise institucional. Esses grupos são de ideologia anarquista/socialista/comunista, de espírito nitidamente contrário à economia de mercado, ao direito de propriedade, ao estado de direito.

A mídia em geral e os formadores de opinião continuam fazendo uma grande confusão conceitual ao atribuir as jornadas à atuação dos movimentos sociais, quando deveríamos fazer uma distinção entre movimentos sociais "autônomos" e movimentos sociais "heterônomos". Os primeiros são fruto de uma ação independente da sociedade, não subordinada ao Estado, partidos políticos e agremiações político-ideológicas; os segundos são aparelhados pelo Estado e por partidos políticos, recebendo às vezes a denominação de movimentos sociais "organizados". Os primeiros caracterizam uma ação autônoma de sociedade civil; os segundos, um aparelhamento delas. Ademais, o próprio PT borra essa distinção com o propósito específico de guardar o seu controle da sociedade civil, por meio da utilização de seus "próprios" movimentos sociais.

A sociedade civil despertou de sua letargia, indo às ruas e reclamando que sua voz seja ouvida. Não convém dizer que a pauta da sociedade civil autônoma não é positiva, como se isso refletisse uma falha. Não. Trata-se de sua virtude, que diz não ao estado de coisas vigente, a tudo que está aí – e o que está aí, no âmbito federal, é o governo petista. O relevante, de qualquer forma, é o seu "não": não à corrupção, não a políticos que só vislumbram seus interesses particulares, não às altas tarifas de transporte público, não a serviços públicos de baixa qualidade, não aos gastos com a Copa das Confederações e a Copa do Mundo. O seu caráter apartidário é aqui fundamental.

Como já vimos, o PT sempre entendeu os movimentos sociais como "organizados": movimentos por ele mesmo controlados. É o caso de seu braço sindical, a CUT, e do seu braço social-revolucionário, o MST com suas entidades afilhadas, como a Via Campesina, o Movimento dos Atingidos pelas Barragens, o

Movimento dos Pequenos Agricultores, o Movimento dos Sem-Teto. No que diz respeito ao Movimento dos Sem-Teto, cabe observar que ele procura se colocar como protagonista urbano do MST, acolhendo uma causa "popular" e tentando aparelhá-la de uma perspectiva propriamente revolucionária, que passa pela instabilidade institucional do país.

O governo socorreu-se do discurso ideológico petista, entendendo os movimentos sociais como "organizados", a saber, heterônomos, aparelhados pelo governo e pelo partido. Chamou, por exemplo, para uma conversa as organizações sindicais, quando estas não tiveram nenhum protagonismo nas manifestações. Trata-se de uma forma de usurpação do protagonismo autônomo da sociedade civil. Ademais, ao dar esse protagonismo (inexistente) aos sindicatos, o governo abre outra porteira: a das demandas sindicais, entre as quais o fim do fator previdenciário e a semana de 40 horas. Há uma nova combustão sendo colocada na pauta.

O presidente do PT conclamou a militância para aderir às ruas nessa mobilização dos movimentos sociais "organizados". Declarou que o partido não poderia perder essa "oportunidade". Deveria ter dito que o partido, ao declarar ter "senso da oportunidade", agiu "oportunisticamente". Há duas acepções, como frisamos, de movimento social em questão: a autônoma, independente, e a heterônoma e aparelhada. O PT joga com essa ambiguidade para ganhar a representatividade perdida. Porém, agindo assim, cria uma situação insustentável: o PT nas ruas contra o governo petista!

É simbolicamente importante o que se poderia chamar de fracasso das manifestações do dia 11 de julho promovidas pelos movimentos sociais organizados. Primeiro, o número de manifestantes foi muito inferior ao dos protestos anteriores. Ou seja, os movimentos sociais heterônomos mobilizam muito menos que os autônomos. Segundo, as centrais sindicais perderam a representatividade entre seus representados, que não se sentem incitados a comparecer a essas manifestações. Terceiro, o governo e o PT não conseguiram mobilizar sua militância, ou melhor, sua militância não conseguiu mobilizar cidadãos brasileiros antes simpáticos à sua causa. O PT continua perdendo a rua, o que é um golpe para um partido que se diz dos trabalhadores e cuja história é a da mobilização popular.

A CONSUMAÇÃO DO DIVÓRCIO

O governo, desorientado, não tendo conseguido escutar as ruas, optou pela retomada da pauta política tradicional do PT e de suas bandeiras radicais, como a da Assembleia Constituinte, de uso frequente entre os países "bolivarianos", socialistas. Note-se a usurpação, pois "Assembleia Constituinte" e "reforma política" nem constituíram bandeiras de luta da sociedade civil autônoma. Estavam sendo impostas pelo governo. Ademais, "Assembleias Constituintes" só são convocadas em momentos de ruptura institucional, quando a Constituição em vigor tenha perdido sua validade e urge a criação de outra. O país não vive nenhuma ruptura. Ora, esta seria produzida pela criação de uma Assembleia Constituinte, lançando o Brasil em uma era de incerteza. Mais precisamente, o país poderia entrar em um período de tipo pré-revolucionário. A aparência democrática seria preservada, pois a convocação dessa Constituinte se faria por intermédio de um plebiscito. Uma vez aprovada a Constituinte, seus poderes seriam, de fato, ilimitados. Estaríamos diante de uma subversão da democracia por meios democráticos.

Aliás, em uma Constituinte desse tipo, nada impediria que os "constituintes" introduzissem o "controle social da mídia" ou a "democratização dos meios de comunicação" em nome, precisamente, de uma nova proposta política dita "mais democrática". Quem controlaria uma "Constituinte" desse tipo? A resposta é óbvia: o governo, por deter o poder, o PT, por ser o partido mais enraizado nacionalmente, e os movimentos sociais "organizados".

O processo político escaparia de qualquer marco legal, fazendo o país entrar em uma era de insegurança. Graças às reações, o governo foi obrigado a recuar de tal proposta.

Contudo, partidos mais radicais e movimentos sociais "organizados" estão aproveitando a atual crise para avançar suas próprias propostas revolucionárias, inclusive com o uso da violência por meio dos ditos "vândalos". Estes são politicamente organizados, com formas de atuação própria que se repetem por todo o país. Ou seja, nesses "movimentos sociais" haveria o que se poderia denominar de "dupla face": uma publicamente palatável, com demandas relacionadas à redução das tarifas de transporte público e interlocutores que sabem se apresentar diante das câmeras, e outra que se manifesta por meio de atos de violência. Não se trata do crime organizado que se aproveita dessa situação, mas de uma forma de organização política que usa da violência para a consecução de seus objetivos.

Os vândalos obedecem a ordens de grupos, partidos e movimentos sociais de extrema esquerda que procuram criar condições "bolivarianas" no país. A violência é instrumentalizada, respondendo a propósitos políticos e ideológicos. Não há nada lá de espontâneo, tampouco corresponde a uma pretensa "desigualdade social". Seu objetivo imediato consiste em criar um ambiente de instabilidade institucional. Embora possa haver certo arrefecimento dessas ações, esses grupos são organizados e voltarão à carga a qualquer momento.

Tomemos, ainda, o caso do Movimento Passe Livre. De um lado, ele ganhou representatividade, pois conquistou a redução de tarifas do transporte público na cidade e no estado de São Paulo. Sua imagem pública, nesse sentido, é altamente palatável. De outro, trata-se de um movimento organizado cuja pauta é nitidamente contra a economia de mercado, o direito de propriedade. Além disso, confessa afinidade com outros movimentos sociais e com os grupos mais à esquerda dentro do PT e com outros partidos de extrema esquerda, como PSOL e PSTU. Note-se que todos esses grupos são de natureza revolucionária, anticapitalista. São contra o governo petista por este não ter honrado a ideologia e o discurso do partido.

Depois de o governo ter recuado da proposta de uma Assembleia Constituinte, esteve ele às voltas com a sua proposta de plebiscito, que, por sua vez, suscitou muitas reações contrárias. Foi, naquele momento, a sua única proposta de enfrentamento da crise atual. Ficou preso a uma só ferramenta. Aliás, o governo Dilma ficou enredado numa armadilha por ele mesmo criada, pois fez uma proposta sobre a qual não tinha nenhum controle direto, uma vez que a prerrogativa de convocação de um plebiscito é do Congresso Nacional, ou seja, da Câmara e do Senado. Quando a proposta soçobrou, o governo ficou ainda mais perdido, tentando transferir uma responsabilidade sua à Câmara e ao Senado. Terminou piorando sua relação com o Legislativo - sobretudo com o PMDB. O governo federal mostrou-se completamente errático. Foi submetido a intensas críticas, tanto no plano jurídico - inconstitucionalidade da medida - quanto no político - por sinalizar ao país um projeto de tipo bolivariano. Recuou em 24 horas, mantendo, porém, a ideia de um plebiscito sobre alguns pontos de uma eventual reforma política. Mais tarde, a ideia foi sepultada pela Câmara dos Deputados, por intermédio da presidência e do colégio de líderes, que, de modo sensato, concluíram que ela seria material e temporalmente inexequível. Dilma jogou no colo do Legislativo um problema que foi incapaz de resolver. Sua derrota foi acachapante. Um governo perde assim sua capacidade de atuação, de influir sobre os acontecimentos, ficando a reboque de alianças partidárias que, depois de junho de 2013, lhe eram desfavoráveis.

Enquanto isso, as ruas seguem cada vez mais dissociadas do que está sendo discutido no mundo político.

10. Os jovens na população brasileira: uma breve análise política

Rogério Schmitt

"Jovens, envelheçam!"
Entrevista de Nelson Rodrigues a Otto Lara Resende, 1977

INTRODUÇÃO

Este artigo tem por objetivo analisar, com base em estatísticas oficiais e em pesquisas de opinião, as várias formas de participação política da juventude brasileira. Os dados que serão apresentados a seguir podem servir de pano de fundo para compreender as manifestações populares que ocorreram em meados de 2013 nas ruas das principais cidades do país.

OS JOVENS NA POPULAÇÃO

O Brasil ainda é um país predominantemente jovem no que diz respeito à demografia. A nossa pirâmide etária é larga na base (crianças e jovens) e vai se afunilando na direção do topo (idosos). No entanto, essa realidade histórica está em processo acelerado de mudança. Ao mesmo tempo que a taxa de natalidade vem caindo, a expectativa de vida tem aumentado nas últimas décadas.

Em longo prazo, podemos tirar daí duas conclusões práticas: a) a população total deve parar de crescer daqui a cerca de 30 anos; b) nesse mesmo período, o perfil da nossa população mudará de nação jovem para um país de idosos.[1]

O gráfico a seguir apresenta a participação porcentual dos jovens entre 15 e 24 anos no total da população brasileira. A série histórica cobre o período que vai de 1940 a 2010 - correspondente aos últimos oito censos populacionais realizados pelo Instituto Brasileiro de Geografia e Estatística (IBGE).

Exceto o levantamento mais recente, os dados mostram que a juventude brasileira historicamente representava cerca de 20% da população. A variação (para cima ou para baixo) era mínima em cada recenseamento.

Gráfico 1 - Participação (%) dos jovens de 15 a 24 anos na população brasileira

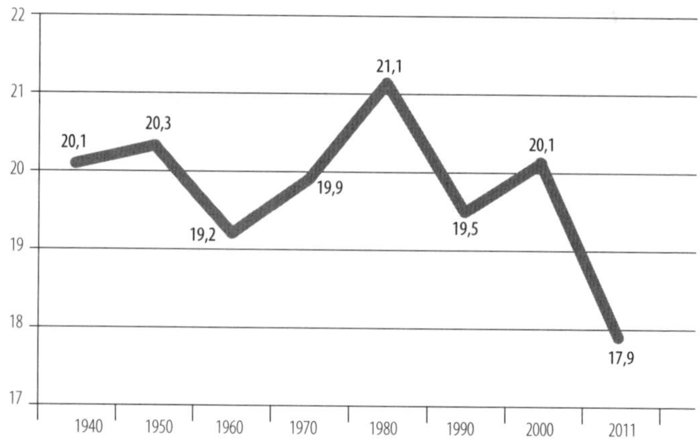

FONTE: IBGE

No entanto, o Censo de 2010 já mostrou uma queda inédita de mais de dois pontos porcentuais no tamanho relativo da população jovem brasileira. Nessa mesma década (entre 2000 e 2010), a população brasileira como um todo cresceu de 169,8

1. <http://exame.abril.com.br/brasil/noticias/populacao-brasileira-cresce-0-9-entre--2012-e-2013>. Acesso em: 25 jul. 2013.

milhões para 190,7 milhões de pessoas. Em outras palavras, o fato de a população jovem ter caído enquanto a população total crescia torna ainda mais significativo esse fenômeno demográfico. Segundo os especialistas, essa queda do número relativo de jovens deve se manter também nos próximos recenseamentos.

O gráfico a seguir apresenta informações ainda mais reveladoras da tendência de envelhecimento da população brasileira. Tomando como parâmetro o mesmo período histórico, os dados descrevem a evolução do número absoluto de jovens no país.

Gráfico 2 – Número absoluto de jovens de 15 a 24 anos na população brasileira

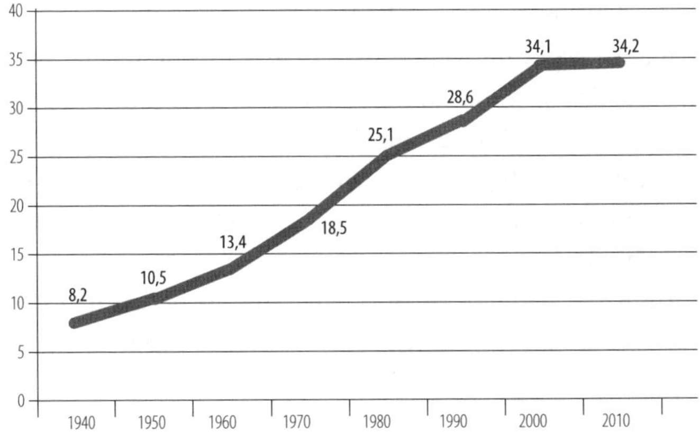

FONTE: IBGE

De um lado, é fato que hoje temos cerca de quatro vezes mais jovens do que tínhamos em 1940: 34 milhões, ante oito milhões. O crescimento absoluto desse segmento populacional foi contínuo e acelerado até o Censo de 2000. De outro, o Censo de 2010 mostrou uma virtual estabilidade no tamanho absoluto da juventude brasileira. A população jovem já parou de crescer, mesmo que o critério utilizado seja o da mera contagem de cabeças.

Em resumo, portanto, os dados censitários disponíveis indicam uma tendência clara de reversão do tradicional crescimento demográfico da juventude brasileira. Em termos relativos, o tamanho da população jovem já entrou em curva descendente. E, mesmo em termos absolutos, a população jovem já parou de crescer.

OS JOVENS NO ELEITORADO

Ao contrário dos recenseamentos populacionais, que só são realizados de dez em dez anos, as eleições brasileiras acontecem a intervalos bem mais curtos, de dois em dois anos.

A análise seguinte, sobre a participação dos jovens no eleitorado brasileiro, toma como referência o período que vai de 2000 a 2012. Assim, se de um lado ela se refere a um período comparativamente bem mais curto do que o da seção anterior, de outro ela abrange nada menos do que sete eleições, a última delas ocorrida há dois anos.

O gráfico a seguir mostra a participação percentual dos jovens de 16 a 24 anos no eleitorado brasileiro, segundo dados do Tribunal Superior Eleitoral (TSE).

Gráfico 3 – Participação (%) dos jovens de 16 a 24 anos no eleitorado brasileiro

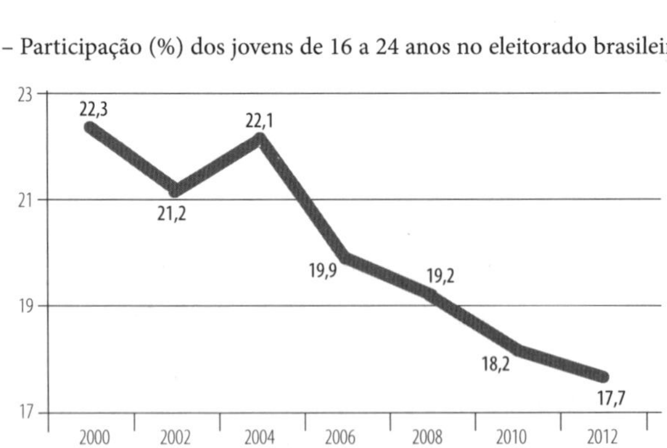

FONTE: TSE

Os resultados são muito similares aos dados populacionais. Com uma única exceção (nas eleições de 2004), o peso relativo do eleitorado jovem vem caindo a cada novo processo eleitoral.

A juventude representava 22,3% do eleitorado nacional nas eleições municipais do ano 2000. Porém, nas eleições municipais de 2012, essa proporção baixou para 17,7%. Assim, a redução do eleitorado jovem vem sendo observada de forma ininterrupta nas quatro últimas eleições (desde 2006), pouco importando se são processos eleitorais municipais, estaduais ou nacionais.

O próximo gráfico examina esses mesmos dados, porém de forma desagregada. Com base nas estatísticas oficiais, os eleitores jovens estão agrupados em três faixas etárias diferentes.

Gráfico 4 – Participação (%) dos jovens no eleitorado brasileiro, por faixa etária

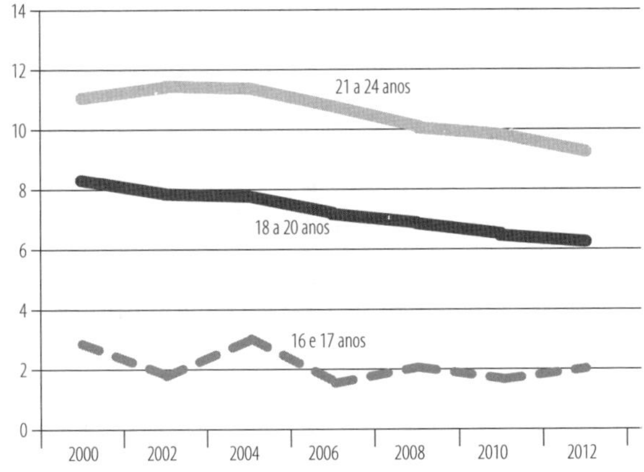

FONTE: TSE

Os dados mostram ser possível subdividir a participação eleitoral dos jovens em duas categorias: a daqueles para os quais o voto já é obrigatório e a daqueles para os quais o voto ainda é facultativo.

De fato, observa-se uma constante queda do peso relativo das duas faixas etárias superiores (18-20 anos e 21-24 anos) no eleitorado. Em ambos os casos, esses jovens são obrigados pela legislação a alistar-se como eleitores.

Os eleitores entre 18 e 20 anos representavam cerca de 8% do eleitorado em 2000, mas esse número caiu para cerca de 6% em 2012. Uma queda equivalente pode ser observada na faixa dos eleitores entre 21 e 24 anos: de pouco mais de 11% do total em 2000 para pouco mais de 9% em 2012.

Por outro lado, é bem diverso o comportamento da curva correspondente ao eleitorado entre 16 e 17 anos. Como se sabe, o alistamento eleitoral e o voto são facultativos nessa faixa etária. Em outras palavras, a participação política é espontânea para os muito jovens.

No segmento mais jovem de todo o eleitorado, verifica-se uma tendência de estabilidade. À exceção dos picos observados nas eleições de 2000 e 2004, os jovens de 16 e 17 anos costumam representar algo sempre bem próximo a 2% do eleitorado brasileiro total.

Na verdade, essa faixa etária merece um exame mais atento. Como o alistamento eleitoral lhes é facultativo, a intensidade da participação dos jovens com menos de 18 anos serve como uma boa estimativa do interesse geral da juventude pela política. Esses são os novos eleitores, os que estão votando pela primeira vez na vida.

O Gráfico 5 (p. 151) mostra a quantidade absoluta de jovens brasileiros de 16 e de 17 anos que se alistaram para votar nas sete eleições realizadas entre os anos 2000 e 2012. O número de novos eleitores nessa faixa etária sempre oscila dentro do mesmo intervalo: nunca foram menos do que 2,2 milhões e nunca foram mais do que 3,7 milhões.

Não parece haver uma tendência nítida de queda ou de crescimento nesse contingente de eleitores. No entanto, é possível constatar uma regularidade politicamente relevante.

Gráfico 5 – Número absoluto de jovens de 16 e 17 anos no eleitorado brasileiro

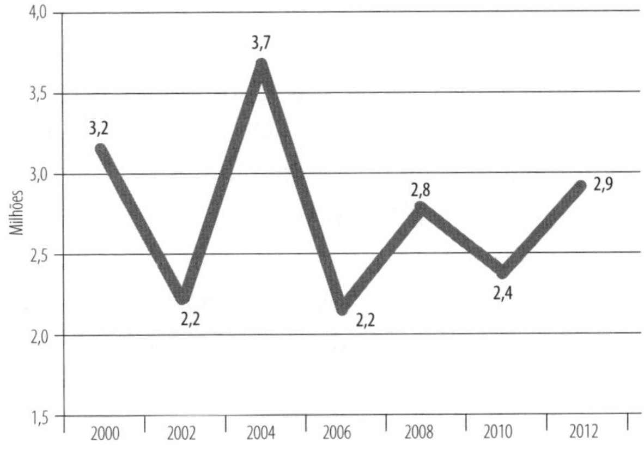

FONTE: TSE

De fato, verifica-se que o alistamento de novos eleitores é sistematicamente mais elevado nas eleições municipais do que nos demais processos eleitorais.

Nas quatro datas em que foram realizadas eleições para prefeitos e vereadores (2000, 2004, 2008 e 2012), a participação eleitoral dos jovens foi sempre maior do que nos anos correspondentes às eleições gerais (2002, 2006 e 2010).

Em outras palavras, os eleitores mais jovens demonstram interesse preferencial pelas eleições municipais. O fato de a política nas cidades ser o primeiro degrau do sistema eleitoral acaba motivando mais os eleitores que também estão iniciando a sua trajetória de cidadãos.

Seja como for, as evidências gerais apresentadas nessa seção corroboram os da seção anterior. Assim como na população como um todo, a participação dos jovens no eleitorado também vem seguindo uma curva decrescente nos últimos anos.

A OPINIÃO DOS JOVENS SOBRE A POLÍTICA

Como relacionar esse quadro analítico mais geral com as manifestações populares observadas em junho-julho de 2013 nas principais cidades brasileiras? Pesquisa realizada pelo Datafolha numa das maiores manifestações ocorridas na cidade de São Paulo[2] revelou que 51% dos manifestantes tinham até 25 anos de idade.

Como não há dados de pesquisa disponíveis para todas as manifestações em todas as cidades, podemos assumir que esse número seja uma boa estimativa da média nacional. Na prática, isso significa dizer que o peso relativo da juventude naqueles protestos foi cerca de três vezes superior ao seu peso na população em geral. É a mesma coisa que dizer que os jovens foram para a rua numa intensidade muito maior do que a média dos brasileiros. Essa é a prova de que os jovens foram capazes de compensar suas perdas demográficas quantitativas com inegáveis ganhos qualitativos e simbólicos.

Felizmente, uma importante e recente pesquisa de âmbito nacional permite-nos avaliar com mais precisão a opinião da juventude brasileira sobre temas políticos. Trata-se de pesquisa nacional do Datafolha, realizada em 19 e 20 de fevereiro de 2014, sobre o apoio dos brasileiros à democracia.[3]

Essa sondagem revelou as maiores taxas já registradas de apoio à democracia na série histórica (iniciada em 1989) sobre o tema. Nada menos que 62% dos entrevistados concordaram com a afirmação de que "a democracia é sempre melhor do que qualquer outra forma de governo". Do mesmo modo, apenas 28% dos entrevistados declarou não estar "nada satisfeitos" com o funcionamento da democracia no Brasil.

---

2. <http://www1.folha.uol.com.br/infograficos/2013/06/19024-datafolha-perfil-dos--manifestantes.shtml>. Acesso em: 25 jul. 2014.

3. <http://datafolha.folha.uol.com.br/opiniaopublica/2014/03/1433561-brasileiros-preferem--democracia-mas-sao-criticos-com-seu-funcionamento.shtml>. Acesso em: 25 jul. 2014.

Quando se olha apenas para a juventude (16 a 24 anos), não há variação significativa nessas taxas mencionadas. De um lado, 58% dos jovens acham que a democracia é preferível às outras formas de governo. De outro, apenas 27% dos jovens declaram-se nada satisfeitos com o funcionamento da democracia no país.

Os gráficos a seguir comparam, em mais detalhe, as respostas dadas pela média da população com as respostas dadas somente pelos jovens.

Gráfico 6 – Apoio (%) à democracia como forma de governo

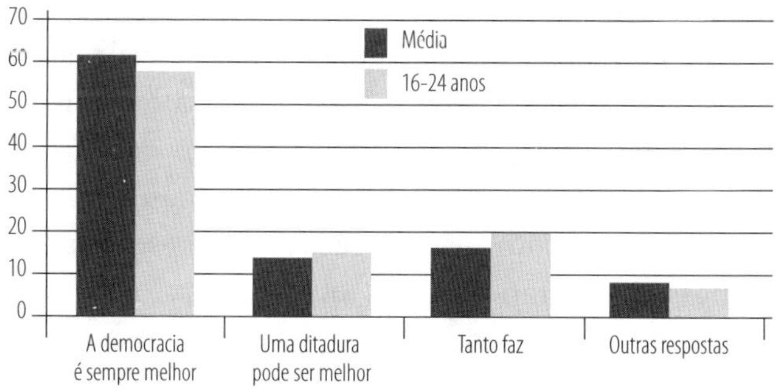

FONTE: DATAFOLHA

Gráfico 7 – Satisfação (%) com o funcionamento da democracia no Brasil

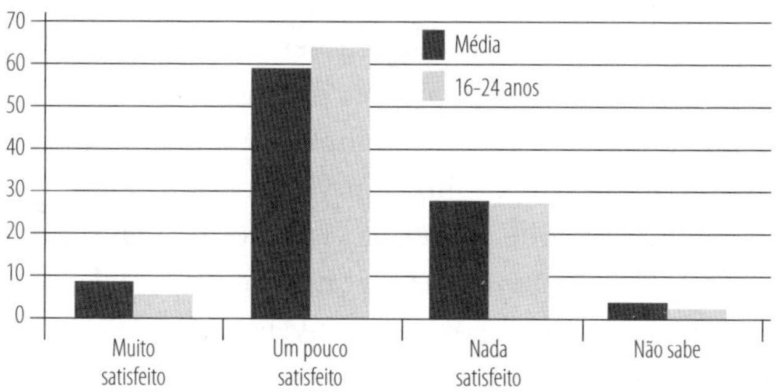

FONTE: DATAFOLHA

Esses dados nos mostram que a juventude não se diferencia da população brasileira como um todo na avaliação que faz das virtudes e mazelas do nosso sistema político. Em outras palavras, não há evidência empírica de que a juventude esteja, por exemplo, mais insatisfeita com a política. Assim, o fato de a juventude ter "ido para as ruas" em proporção muito maior do que o restante da população não parece ter relação alguma, num primeiro exame, com fatores de natureza política.

CONSIDERAÇÕES FINAIS

Estatísticas oficiais mostram que a juventude brasileira está atravessando um período de declínio de sua importância quantitativa, em termos tanto relativos como absolutos. Essa tendência negativa foi constatada tanto no universo populacional mais amplo como no universo mais restrito do eleitorado brasileiro.

Esse comportamento não é casual. Deve-se basicamente às mudanças demográficas pelas quais o país está passando, relacionadas ao envelhecimento da população. Por outro lado, as pesquisas sugerem não haver entre os jovens uma avaliação comparativamente mais crítica do funcionamento da política ou do regime democrático no Brasil.

Portanto, deve ser buscada fora da política a explicação dos fatores que levaram a juventude brasileira a participar tão ativamente das manifestações populares do ano passado. Mas é fato que a política também vive de símbolos. E a maior participação dos jovens é certamente muito bem-vinda.

Também não se pode perder de vista a chamada lei dos grandes números. Os incentivos demográficos em operação no Brasil não parecem ser muito favoráveis à juventude brasileira em médio e longo prazos.

Ironicamente, talvez adquirir uma boa escolaridade e um bom emprego acabe sendo mais importante para o futuro dos jovens do que ir para as ruas.

Os autores

Bernardo Sorj nasceu em Montevidéu, Uruguai, e mora desde 1976 no Brasil, tendo se naturalizado brasileiro. Estudou Antropologia e Filosofia no Uruguai, cursou bacharelado e mestrado em História e Sociologia na Universidade de Haifa, Israel, e obteve o título de Ph.D. em Sociologia na Universidade de Manchester, Inglaterra. Foi professor de Ciência Política da Universidade Federal de Minas Gerais (UFMG), do Instituto de Relações Internacionais da Pontifícia Universidade Católica do Rio de Janeiro (PUC-RJ) e é professor titular de Sociologia aposentado da Universidade Federal do Rio de Janeiro. Autor de 26 livros e de mais de cem artigos, ocupou, na qualidade de professor visitante, várias cátedras em universidades europeias e norte-americanas. Entre as mais recentes, destacam-se a Sérgio Buarque de Holanda, da Maison des Sciences de l'Homme e a Simón Bolívar, do Institut des Hautes Études de l'Amérique Latine, em Paris. Foi eleito Homem de Ideias 2005. Atualmente, é diretor do Centro Edelstein de Pesquisas Sociais e do Projeto Plataforma Democrática, além de coordenador do *SciELO Social Sciences English Edition*.

Denis Rosenfield é filósofo, escritor, professor universitário e articulista dos jornais *O Estado de S. Paulo*, *O Globo* e *Diário do Comércio*. Tem livros e artigos acadêmicos publicados em português, francês e espanhol.

José Nêumanne Pinto é jornalista, poeta e escritor, membro da Academia Paraibana de Letras. Comentarista político e econômico do SBT e da Rádio Jovem Pan, é colunista do jornal *O Estado de S. Paulo*. Seu bordão jornalístico é: "José Nêumanne Pinto, direto ao assunto". Tem mais de dez livros publicados, entre romances, biografias e poesia, reportagens e ensaios políticos: *Mengele, a natureza do mal* (romance-reportagem, 1985); *As tábuas do Sol* (coletânea de poemas, 1986); *Erundina, a mulher que veio com a chuva* (perfil jornalístico e biográfico da ex-prefeita de São Paulo Luiza Erundina de Souza, 1989); *Atrás do palanque* (livro-reportagem sobre os bastidores da eleição presidencial de 1989); *Reféns do passado* (coletânea de ensaios e artigos políticos publicados na imprensa, 1992); *Barcelona, Borborema* (livro de poemas sobre a arquitetura de Gaudí e o forró de Campina Grande, 1992); *A República na lama* (relato do folclore da República de Alagoas e história de sua queda, 1992); *Veneno na veia*, romance policial sobre o episódio dos "anões do Orçamento", 1995); *Solos do silêncio* (poesia reunida, 1996); *Os cem melhores poetas brasileiros do século* (antologia, 2001); *As fugas do Sol* (CD em que lê poemas de sua autoria com trilha sonora original do maestro Marcus Vinicius de Andrade, 1999); *O silêncio do delator* (romance, 2004); e *O que sei de Lula* (biografia, 2011).

Marcelo S. Tognozzi é jornalista com pós-graduação em Marketing Político e Gestão de Campanhas Eleitorais pela Graduate School of Political Management, da The George Washington University. Tem grande experiência como consultor na área de relações institucionais. É especialista em novas mídias e marketing político digital. Trabalhou em veículos como *Jornal do Commercio*, *O Globo*, *Jornal do Brasil*, *Correio Braziliense*, *Folha de S.Paulo*, *O Dia*, *Veja* e *IstoÉ*. Foi secretário adjunto de Comunicação do governo do Distrito Federal, chefiou a Assessoria Parlamentar do Ministério de Minas e Energia durante o governo Fernando Henrique, coordenou o Departamento de Comunicação Social da Confederação Nacional da Indústria (CNI) e foi secretário de Imprensa da Presidência do Senado Federal. Em 1996, planejou e implantou a Agência Brasília do governo do Distrito Federal, primeira agência de notícias governamental on-line do Brasil. Nos últimos 14 anos, executou outros dois projetos pioneiros de agências de notícias on-line para a Confederação Nacional da Indústria (CNI) e a Confederação Nacional da Agricultura (CNA). Como especialista em novas mídias, desenvolveu diversos trabalhos na área de marketing viral e *mobile* marketing. Já participou de campanhas de partidos como PDT, PT, DEM, PMDB e de entidades de classe. É autor de *Vote certo – A eleição sem complicação* e do e-book *Manual da campanha digital*, além de coautor dos livros *Marketing político em tempos modernos* e *Políticos ao entardecer*. Professor do curso de pós-graduação em Marketing e Comunicação Digital do Iesb, é sócio-diretor da A+B Comunicação e RP Digitais, com sede em Brasília.

Ney de Lima Figueiredo foi consultor das principais entidades empresariais do país por mais de 20 anos: Federação das Indústrias do Estado de São Paulo (Fiesp), Confederação Nacional da Indústria (CNI), Confederação Nacional das Instituições Financeiras (Cnif), Federação Brasileira de Bancos (Febraban) e Federação do Comércio do Estado de São Paulo (Fecomercio-SP). Foi um dos idealizadores da União Brasileira dos Empresários (UBE) e secretariou o Fórum Informal dos Empresários em São Paulo. Participou da criação da Ação Empresarial, capitaneada por Jorge Gerdau. Assessorou vários governadores, como Roberto Magalhães (Pernambuco), Franco Montoro (São Paulo), Albano Franco (Sergipe), tendo sido responsável por algumas iniciativas de grande sucesso no governo de Fernando Henrique Cardoso. Pertenceu, durante sete anos, ao Conselho da TV Futura, da Fundação Roberto Marinho. Hoje, presta serviços de consultoria a diversas empresas, além de integrar vários conselhos. Participou de alguns episódios mais significativos de disputas empresariais nos últimos dez anos, como a que aconteceu em 2011 entre o Grupo Casino e Abílio Diniz pelo controle do Pão de Açúcar, e das disputas envolvendo o Grupo Opportunity, de Daniel Dantas, em 2004-2005. Além de centenas de artigos publicados na imprensa nacional, tem mais de 15 livros editados, como autor ou coautor.

Roberto Macedo é economista pela Universidade de São Paulo (USP) e doutor em Economia pela Universidade Harvard. Consultor econômico e de ensino superior, é articulista do jornal *O Estado de S. Paulo* e coordenador do Conselho de Economia da Associação Comercial de São Paulo. Foi professor titular, chefe do departamento de Economia e diretor da Faculdade de Economia e Administração da USP. No governo federal, foi secretário de Política Econômica do Ministério da Fazenda e presidente do Instituto de Pesquisa Econômica Aplicada (Ipea). O autor agradece a colaboração de Raquel Dell'Agli no levantamento e tratamento dos dados.

Rogério Schmitt é graduado em Ciências Sociais pela Universidade Federal do Rio de Janeiro (UFRJ) e mestre e doutor em Ciência Política pelo Instituto Universitário de Pesquisas do Rio de Janeiro (Iuperj). Autor de *Partidos políticos no Brasil: 1945-2000* (Jorge Zahar, 2000), co-organizou a coletânea *Partidos e coligações eleitorais no Brasil* (Unesp/Fundação Konrad Adenauer, 2005). Atua como coordenador do Núcleo de Formação do Espaço Democrático e como consultor de cenários prospectivos na Eyes on Future. Foi analista político na Tendências Consultoria e na Prospectiva Consultoria. No terceiro setor, atuou no Centro de Liderança Pública e na Transparência Brasil. Foi também professor de Ciência Política na Universidade de São Paulo (USP), na Pontifícia Universidade Católica de São Paulo (PUC-SP) e na Fundação Escola de Sociologia e Política de São Paulo (Fesp-SP).

Rubens Figueiredo é diretor-geral do Cepac – Pesquisa e Comunicação. Consultor político, pós-graduado em Ciência Política pela Universidade de São Paulo (USP), fez estágio nas principais centrais patronais da França, da Inglaterra e da Espanha. É comentarista da rádio Jovem Pan, associado à World Association for Public Opinion Research (Wapor), fundador e diretor executivo da Associação Brasileira de Consultores Políticos (Abcop), integrante do Centro de Estudos de Opinião Pública da Unicamp (Cesop), conselheiro da Fundação Konrad Adenauer e da Associação Comercial de São Paulo. Escreveu, em parceria com Fernando Henrique Cardoso, o *paper* "Reconciling capitalists with democracy: the Brazilian case", apresentado na Itália e publicado na Inglaterra. É diretor da Fundação Espaço Democrático e publicou, entre outros, *A era FHC: um balanço* e *As cidades que dão certo* (em parceria com Bolívar Lamounier), *O que é opinião pública* (em parceria com Sílvia Cervellini) e *Empresariado brasileiro: política, economia e sociedade.*

Tulio Kahn é sociólogo. Conselheiro na Fundação Espaço Democrático, foi tutor máster para o estado de São Paulo da Rede de Ensino a Distância da Secretaria Nacional de Segurança Pública (EAD/Senasp) e membro do Fórum Brasileiro de Segurança Pública. Foi coordenador de Análise e Planejamento na Secretaria de Segurança Pública (SSP), diretor do Departamento de Cooperação e Articulação de Segurança Pública (Decaasp – Senasp), no Ministério da Justiça e secretário executivo e coordenador de pesquisa do Instituto Latino-Americano das Nações Unidas para a Prevenção do Delito e Tratamento do Delinquente (Ilanud).

www.summus.com.br

IMPRESSO NA

GRÁFICA sumago

sumago gráfica editorial ltda
rua itauna, 789 vila maria
02111-031 são paulo sp
tel e fax 11 2955 5636
sumago@sumago.com.br